착한 아이가 자라

서툰 어른이 되었습니다

착한 아이가 자라
서툰 어른이 되었습니다

오직 당신만을 위한

자기 긍정의 심리학

포슈 지음 ─ 김진아 옮김

paperbird

'모든 게 내 탓'이라는 착각

"이런 나를 바꾸고 싶어요."

"저다운 게 뭔지 모르겠어요."

"저 자신을 좋아할 수가 없어요."

"남들과 어떤 거리를 유지해야 좋을지 모르겠어요."

"뭘 해도 잘 안 돼요."

이대로 있으면 안 된다, 지금 당장 나 자신을 바꿔야 한다, 하지만 뭘 어떻게 하면 좋을지 모르겠다…….

이런 고민에 빠져 심리 상담을 받으러 오는 사람들이 점점 많아지고 있습니다.

저는 '모든 게 다 내 탓이다'라고 생각하여 몇십 년이나 자신을 책망한 사람들을 많이 봐왔습니다.

아무리 애를 써도 실패하는 나날이 이어지면 이런 나는 살아갈 가치도 없는 게 아닐까…… 하는 절망까지 내몰릴 때가 있지요.

직장에서 일이 잘 안 되는 것도, 연인과 사이가 좋지 않은 것도, 인간관계가 잘 안 굴러가는 것도 전부 자기 잘못이라고 혼자 다 끌어안는 바람에, 뭔가를 하려고 할 때 '내가 더 노력해야 해'라고 느끼게 되는 사람도 참 많아요.

하지만 세상에는 '사실은 당신 때문이 아닌' 일도 많답니다.

저 사람의 기분이 언짢은 것도, 저 사람이 늘 화를 내는 것도, 당신의 몸과 마음의 균형이 무너진 것도, '너 때문에 이렇게 됐다' '다 네 잘못이다'라고 책망받은 과거의 사건마저도 전부 당신 때문이 아닐 가능성이 있다는 거지요.

"그 누구에게도 하지 못했던 말을 처음으로 했어요."

"이제야 인정받았어요."

"처음으로 날 이해해 주는 사람을 만난 것 같아요."

"마음이 가벼워졌습니다."

이건 상담을 받은 후, 상담자들이 자주 하는 말입니다.

아무리 힘들어도 누군가에게 기대는 것마저 참고, 이해받고 싶은데도 아무도 내 말을 들어주지 않아서, 최선을 다해 말했는데도 오해만 받고…… 그런 사람들이 안심하고 진심을 털어놓을 수 있는 곳이 바로 제 상담실입니다.

'본심을 말해도 부정하지 않고 있는 그대로 받아주었다.'

이 감각을 얻기만 해도 지금까지 품고 있던 고민이 가벼워지는 걸 실감하는 분들이 많아요.

어떤 문제가 사실은 자기 때문이 아니라는 걸 알면, 스스로를 탓하는 횟수도 확 줄어듭니다. 그러면 지금까지 보이지 않았던 '나의 장점'을 깨닫게 될 때도 있지요.

저는 상담 현장에서의 경험을 통해 '내 탓이 아닌 일로 고민하는 사람이 더 많은 게 아닐까?' '어떻게든 그 사실을 깨닫게 돕는 방법은 없을까?' 하고 느끼게 되었고, 이것을 계기로 트위터를 시작하게 됐습니다. 상담은 일대일로 진행되지만, 트위터라면 더 많은 사람에게 제 말을 전할 수 있으니까요.

그렇지만 일대일 상담과는 달리, 한 번에 많은 이들에게 말을 전할 수 있기에 생기는 어려움도 있습니다.

예를 들어, '열심히 하지 않아도 된다'라는 말이 그렇습니다.

그 말에 마음이 편해지는 사람도 있겠지만, 이제까지 노력한 것을 부정당하는 기분이 들어 괴로움을 느끼는 사람도 있을 겁니다. 노력하지 않는 사람이 곁에 있는 바람에 고생하거나, 혼자서 애를 써야 하는 상황에 있는 경우, '그럼 어쩌라는 거야?' 하고 오히려 화가 날 수도 있을 거예요.

이처럼 누군가에게 있어 구원처럼 들리는 말이 또 다른 누군가에게는 아주 괴로운 상처로 작용할 수도 있습니다. 그래서 '이게 정답이다'라고 단정 짓는 말은 트위터에서 언급하지 않도록 주의하고 있지요. 무엇을 하는 것이 최선인지는 상황과 그 사람의 성격에 따라 달라지기 때문입니다.

이 책은 140자만 들어갈 수밖에 없는 트위터에 다 담지 못했던 제 생각을 가득 실었습니다.

트위터에서 특히 큰 반향을 얻었던 것을 골라 '왜 이런 일이 생긴 걸까?' '그럼 어떻게 하면 좋을까?'라는 의문에도 답하고 있습니다.

이제까지 자신을 탓했던 당신이 자신을 나무라는 기회가 줄어들 수 있기를.

누군가를 위해 열심히 생각해서 행동했던 당신이 앞으로 나 자신만을 위해 체력과 시간을 쓸 수 있기를.

아침에 일찍 일어나서 '힘들다……'라고 생각하던 당신의 일상이 조금이라도 편해질 수 있기를.

이 책에 담긴 것들이 당신을 편안하게 해줄 '깨달음'의 계기가 될 수 있다면 좋겠습니다.

포슈Poche

차 례

2장

타인에게 휘둘리다

3장

싫은 건 싫다고 말하는 용기

1장

우리가 가진
아주 오래된 착각

당신을 향한 칭찬이
부담스럽게
느껴진다면

칭찬을 받아도 기뻐할 수 없다며 고민하는 사람도 있다.

외모, 성적, 행동, 말투 등 어릴 때 부모로부터 부정적인 평가를 받았던 점들에 대해 칭찬받으면 성인이 되고 나서도 거부 반응을 느끼거나 '그럴 리가 없다'라며 쉽게 칭찬을 받아들이지 못한다.

유소년기에 칭찬을 자주 받지 못했다면 '이런 일로 칭찬을 받다니'라며 상대방에 대한 불신감이나 심지어는 혐오감을 품게 될 수도 있다.

칭찬을 받으면 꼭 기뻐해야 한다고 생각하지는 않나요?

칭찬을 받아도 기뻐하지 못하는 내가 '이상하다' '냉정하다' '다른 사람과 다른 게 아닐까……' 하고 고민할 필요는 없습니다.

애당초 칭찬을 받으면 꼭 기뻐해야 한다는 규칙은 없으니까요. 그러니 괜찮습니다.

여기서 제가 하고 싶은 말은 '칭찬받고 기뻐하는 방법'이 아닙니다. '왜 칭찬을 받아도 기뻐할 수 없는 것인가'라는 이유에 대해서지요.

그 이유만 알면 이제까지처럼 '기뻐하지 않는 나 자신'을 탓하지 않을 수 있을 테니까요.

그럼 지금부터 '칭찬을 받아도 기뻐하지 못하는' 세 가지 이유를 설명하겠습니다.

첫 번째, 칭찬의 포인트가 빗나가서

갖고 싶어했던 신발이 생겨서 들뜬 마음으로 처음 신고 나갔을 때, "오늘 머리 모양 참 멋지다!"라고 칭찬받는다면 별로 기쁘지 않을 겁니다.

'싫지는 않지만 그렇게까지 기쁘진 않아' '칭찬받고 있지만, 내가 원한 건 이게 아닌데……'처럼 **형언할 수 없는 답답함의 정체는, '내가 원하는 건 그게 아니야!'라는 마음의 외침일지도 모릅니다.**

자신이 인정받고 싶은 것과 전혀 다른 부분을 칭찬받으면, 그걸 이해해 주지 못한다는 것에 불만이 생기기 쉽습니다.

두 번째, 칭찬에 익숙하지 않아서

어릴 때 부모로부터 칭찬받은 경험이 별로 없거나, 가정 내에서 감정을 억누르고 산 사람도 제법 많습니다.

'부모님이 나를 인정해 주었다'라고 느낀 경험이 적은 사람일수록 칭찬을 부끄러워합니다. 칭찬에 익숙하지 않다는 뜻이지요.

뭐든 잘하는 게 당연하거나 지적을 많이 받는 환경 속에서 자란 사람일수록 '뭐 이런 일로 칭찬을 받지?' 하고 당황하고 어떻게 반응하면 좋을지 난감해합니다.

기쁘지 않은 건 아니지만 어떻게 하면 좋을지 모르는 거지요.

세 번째, 어린 시절 부모님께 지적받은 부분을 칭찬받아서

과거에 부모로부터 지적받거나 혼난 일은 '내가 가진 좋지 않은 점' '내가 반드시 고쳐야 하는 점'으로 머릿속에 강렬히 각인되어 있습니다. 또다시 혼나서 두려움을 느끼거나 마음에 상처를 주지 않도록 단단히 머릿속에 새겨두는 거지요.

과거 내 마음속에 부정적으로 각인된 일을 남에게 칭찬받으면 위화감이나 혐오감을 품게 됩니다.

이때 머릿속에서는 '(그렇게 생각해 준다면야 기쁘지만) 그럴 리가 없는데……' 하고 느끼거나 의심의 눈초리로 '정말로 그렇게 생각하는 거 맞아?'라고 생각하는 등 여러 감정이 휘몰아치게 돼요.

칭찬받았을 때 어찌 된 일인지 순순히 기뻐할 수 없다고 느
낀다면, 칭찬의 내용에 대해 부모님에게 지적받은 적이 있지
않은지 한번 돌이켜보세요.

부모님 말고도 친척이나 선생님, 형제자매 등 주위 사람들
의 말이 영향을 줄 때도 있답니다.

자, 그럼 앞서 '칭찬받아도 기뻐할 필요는 없다'라고 말했
습니다. 그럼 '칭찬을 받으면 어떻게 해야 하는가?' 하는 궁금
증이 생길지도 모르겠네요.

칭찬을 받았을 때는 그걸 부정하지 않는 것만으로도 충분
합니다.

'고마워'라는 이 한마디만 전하면 되는 거예요.

친구가 당신을 위해 정성을 다해 선물을 준비했다고 칩시
다. 그럴 때는 그게 당신의 취향이 아니거나 이미 가지고 있
는 물건이라고 해도 '고마워'라고 말하며 선물을 받지 않나
요?

누군가에게 뭔가를 선물했을 때 '나 이미 그거 갖고 있는데'라고 거절하거나 '그건 내 취향이 아니라서 필요 없어'라고 거절하면 슬프잖아요.

칭찬은 상대방이 당신에게 주는 선물입니다.

그렇게까지 가지고 싶지 않은 선물을 받거나 마음에 들지 않은 선물을 받았을 때 '와, 너무 좋아!'라고 진심으로 기뻐할 수 없는 것과 마찬가지로 그리 기쁘지 않은 칭찬도 있을 겁니다.

항상 같은 점만 칭찬받는다면 '또 같은 소리네'라고 귀찮아하거나 '그것밖에 칭찬할 게 없는 건가?'라고 풀이 죽게 될지도 몰라요.

하지만 선물을 받았을 때처럼 '고마워'하고 받아들이는 것만으로도 충분합니다.

기뻐하거나 좋아하지 않아도 상대방의 칭찬을 부정하지 않는다면 그걸로 족하답니다.

칭찬을 받았는데도 순순히 기뻐하지 못하는 자신을 탓할 바에야 '**칭찬받는다고 해도 굳이 기뻐하지 않아도 된다**'라고 생각해 보세요.

당신은 책망받을 행동 같은 건 전혀 하지 않았으니까요.

칭찬을 받으면 '고맙다'라고 말해보세요.

아직 믿을 수 없어도

의심하게 되어도

납득할 수 없어도

기뻐하지 않아도 괜찮아요.

'내가 칭찬받았다'라는

사실만 받아들이세요.

지금은 그것만으로도 충분하니까요.

인간관계가
자꾸만 엉키는
원인

삶이 힘들다고 느끼는 사람의 대부분은, 어린 시절에 '1+1=3'이라는 수식처럼 잘못된 정답을 배운 것과 같다. 그게 정답이라고 배워서 여전히 그걸 믿고 살아가는 것이다. 그래서 아무리 애를 써도 답이 맞아들어갈 수가 없다.

처음부터 잘못된 식을 썼기 때문에 노력을 하면 할수록 엇나가기만 해서 살아가는 동안에 더 많은 벽에 부딪히고 힘들어한다. 열심히 해도 잘되지 않는 건 당신의 노력이 부족한 탓도, 성격 탓도 아니다.

인간관계에 대한 고민을 품는 건 노력하지 않는 사람들이나 열심히 하지 않는 사람들이 아닙니다.

오히려 나름대로 노력하고 애를 쓰는 사람들이 그렇지요,

그러면 왜 노력하는데도 인간관계가 잘 안 풀리는 걸까요? 그건 '인간관계의 기반'이 처음부터 엇나갔기 때문입니다.

예를 들자면 '1+1=3'이 정답이라고 완전히 믿고 사는 것과 마찬가지입니다.

사실 이 잘못된 인간관계의 기반은 어린 시절 부모와 자식 사이에서 형성됩니다.

어린이가 처음으로 접하는 타인은 부모입니다. 선악을 모르고, 세상 규칙을 모르는 와중에 어린이는 부모에게 사랑받고 인정받기 위해 행동합니다.

대부분의 경우, 인간관계의 기반은 0~6세 즈음에 이루어

집니다.

기억하지 못할 정도로 어릴 때부터 '이런 식으로 사람들과 사귀는 거구나' '이렇게 하면 칭찬을 받는구나' '이걸 하면 싫어하는 것 같아' 하고 배우게 되는 거지요.

이런 말을 하면 다들 "설마 그렇게 옛날 일 때문에 나이가 들어서도 그렇다고요?"라고 놀랍니다.

예를 들어 '저렇게 해라' '이렇게 해라'라고 제어 받는 환경에서 자라면, 남에게 지시받는 걸 극단적으로 싫어하게 됩니다.

직접 대꾸하는 일은 없어도, 머릿속에서는 상대방을 향해 반론하게 되는 거지요. 이런 경우, 그저 불만만 생각하느라 지칠 수밖에 없습니다.

부모가 이런저런 과도한 간섭을 하는 환경에서 자라면, 스스로 결정하거나 행동하는 걸 잘하지 못하게 되기도 합니다. 생각해서 행동하는 기회를 부모가 계속 빼앗아 왔기 때문에 뭘 하면 좋을지 모르게 돼요.

실패하는 게 무서워서 행동도 못 하고, 스스로 결정하지 못한다며 고민하는 사람은 적지 않습니다.

　부모의 낯빛을 살피고 살았던 사람은 자신을 우선으로 놓고 사는 것에 죄책감을 느낍니다.
　내가 뭘 하고 싶은가보다 '부모가 어떻게 하고 싶은가'를 우선시하며 살았으므로, 남을 소중히 하는 방법은 알아도 '나 자신을 아끼는 방법'은 모릅니다.

　자신을 우선시하여 행동하거나 자기 의견을 말하는 것에 대해 '너무 이기적인 행동이 아닐까?' 하고 마음의 브레이크가 걸리기 쉽습니다.

　이처럼 어떻게 부모와 관계를 형성해 왔는가가 '인간관계의 기반'을 만듭니다.
　이 인간관계의 기반이 이상하면, 아무리 노력하고 애를 쓰더라도 인간관계가 뒤틀리게 됩니다.
　혹시 다음과 같은 착각은 하고 있지 않나요?

다음에 언급하는 것들은 모두 '1+1=3'이라는 잘못된 수식처럼 어긋나는 생각입니다.

- 남에게 기대면 안 된다.
- 상대방을 기쁘게 해줘야 한다.
- 남을 믿지 않는 게 좋다.
- 나약해지면 안 된다.
- 부정적인 감정은 가지지 마라.
- 뭔가를 주지 않으면 사랑받기 어렵다.

우선 지금의 내가 부모님으로부터 어떤 영향을 받았는지 인식하는 것이 중요합니다.

자기만의 인간관계 전제 조건이 '1+1=3'이었다는 걸 알게 된다면, 다시 '1+1=2'로 되돌리는 것부터 시작합시다.

'남에게 기대면 안 된다'라는 착각을 '남에게 기대도 된다'로 바꾸면 지금보다 마음이 훨씬 가벼워질 거예요

부모님이 바빠서 기댈 수 없었거나, 늘 언짢아해서 어리광

을 부리기 어려웠다고 느끼는 사람도 있고, 남이 자신을 의지하는 게 기뻐서 노력한 사람도 있는가 하면, '기대거나 폐를 끼치지 말고 스스로 다 해내라'라고 가르침을 받고 산 사람도 있습니다.

부모님께 기댈 수 없었던 사정이 있었거나, 도와줘도 그리 의미가 없다고 느끼는 사건이 있었거나, 혹은 애당초 '남에게 의존해도 된다'라는 걸 모르는 사람도 있을 겁니다.

어린 시절에 당신 주변에 의지할 만한 사람이 없었을지도 몰라요.

하지만 어른이 된 당신은 앞으로 인간관계를 선택하며 살아갈 수 있습니다.

당신 주변에 '우연히 기댈 수 없는 사람들'만 있었을 뿐, 세상에는 '기대도 괜찮은 사람들' '날 의지하길 바라는 사람들'도 많아요.

뭐든 남에게 떠맡기는 건 좋지 않지만, 누구에게 어디까지 기대고 어떤 식으로 의지해 나가면 좋을지 생각하면 괜찮답니다.

당신의 마음을
옭아매는 말

아직 깨닫지 못한 사람도 많지만, 과거에 주변 어른에게서 들은 말은 무의식중에 계속 영향을 끼친다. '나는 이런 사람이니까……'라고 스스로를 옭아매는 원인이 그곳에 있을 때가 많다.

마치 초등학생 시절에 반복해서 외운 구구단을 어른이 되어서도 술술 읊을 수 있는 것처럼, 과거에 반복적으로 들은 말은 성인이 된 이후에도 지속적인 영향을 준다.

뭔가에 실패했을 때, 일이 잘 안 풀릴 때, 의욕이 좀처럼 생기지 않을 때.

'나는 이런 사람이니까……'라며 풀이 죽거나 '그것 봐. 보나 마나 그럴 줄 알았다' 등 스스로를 괴롭히는 말을 하지는 않나요?

나도 모르게 스스로에게 내뱉는 '부정적인 말'이 무엇인지 머릿속으로 한번 떠올려 보세요.

부정적인 말을 떠올렸을 때, 누구의 얼굴과 목소리가 가장 먼저 생각나나요?

혹시 어린 시절에 누군가에게 들은 말은 아닌가요?

"그걸 왜 못하니?" "그래서는 안 돼" "누굴 닮아서 저러는지" "네 형은 잘만 하잖니!" 등 과거에 누군가와 비교당했던 게 큰 영향을 줄 때도 있습니다.

직접 그런 말을 들은 적이 없다는 사람은 누군가의 말이 아닌 태도로 인해 '저 사람은 날 이렇게 생각하는 거겠지……'라고 타인의 생각을 짐작했던 경험은 없는지 돌이켜보세요.

깊은 한숨, 한심하다는 눈빛, 슬픈 표정, 초조한 얼굴, 당혹스러운 낯빛……. 그런 부모님의 표정을 보고 내가 지금 어떻게 행동해야 할지를 따져본 적은 없나요?

예를 들어 "나 이거 배우고 싶어"라고 말했을 때, 부모님의 얼굴이 대번에 굳어져 버렸다고 칩시다.

그러면 아이는 '혹시 안 되는 건가?' '너무 비싼가 봐' '혼날 것 같아' 등 순식간에 온갖 생각을 해보고, 제일 자신에게 충격이 덜 가는 선택지를 생각하게 됩니다.

부모와 자식 관계에서는 상대방으로부터 직접 '안 된다'라는 말을 듣지 않아도, 마치 그런 말을 들은 것처럼 강한 영향을 줍니다.

자, 그럼 초등학생 때 외운 구구단이 어른이 된 지금까지도 술술 입에서 나오는 이유가 뭐라고 생각하나요?

그건 어린 시절 몇 번이나 반복해서 읽고 외웠기 때문입니다.

부모의 말과 태도도 마찬가지로 당신에게 영향을 줍니다. 부모로부터 반복적으로 들은 말, 부모의 태도로부터 영향을 받아 생긴 '나는 이런 사람이니까……'라는 생각은 어른이 되어도 당신의 마음에 계속 남게 돼요.

그게 좋은 말이라면 전혀 문제 될 것이 없어요.

'넌 잘할 수 있어!'라고 머릿속에 박혀 있다면 뭐든 도전할 용기도 얻게 되지요. 자신감을 잃었을 때 기운을 회복할 수도 있습니다.

하지만 반대로 '넌 뭘 해도 안 돼'라고 세뇌되면 어떻게 될까요?

도전하기도 전에 '보나 마나 안 되겠지……'라고 포기하거나, 자신감을 잃었을 때 '역시 실패할 줄 알았어'라며 더욱 풀이 죽게 될 겁니다.

'나는 행동력이 부족하니까.'

'난 남들과 잘 어울리지 못하니까.'

'난 말을 잘하지 못하니까.'

'나는 뭐든 잘 잊으니까.'

'나는 요령이 없어서…….'

이렇게 '나는 이런 사람이니까……'라는 사고가 나 자신을 괴롭히는 말버릇이 되어 있지는 않나요?

만약 그렇다면 우선 나를 괴롭히는 말을 '하지 않는 것'부터 시작해 봅시다.

그런 자제가 어렵다면 '나는 이런 사람이니까……'라는 생각에 '하지만 그건 다 옛날 일이야!'라고 말을 덧붙여 보세요.

그렇게 함으로써 과거에 부정적인 말로 심어진 착각의 영향은 점점 작아지게 될 겁니다.

남을 꼭 믿어야 할까?

어린 시절에 '믿었다가 배신당한 경험'이 있다면 주변에서 주는 애정을 순순히 받아들일 수 없게 된다. 처음부터 기대하지 않으면 상처를 받을 일이 없으니, 다시 그런 고통을 겪지 않도록 상대방에게 기대하는 것을 그만두게 되는 것이다.

남을 믿었다가 상처받는 고통을 잘 아는 사람일수록 '남을 믿지 말고 멀리하는 편이 상처도 안 받고 좋다'고 착각하게 된다.

솔직하지 못하다는 말을 들을 때도 있지만, 그렇지 않다. 상대방에게 상처를 줄 의도도 없을 것이다. 이건 바로 마음을 지키는 방어적 반응 중 하나다.

원래 '남을 반드시 믿어야 한다'는 원칙 같은 건 존재하지 않습니다.

세상에는 도저히 믿을 수 없는 사람도 있고, 믿지 않는 편이 더 나은 사람도 많으니까요.

그러나 만약 당신이 '그 누구도 믿을 수 없다'고 고민하거나 '믿고 싶은데 어째서인지 믿을 수가 없다'는 생각이 든다면, 당신 마음속에 '누군가를 믿었다가 배신당한 경험'이 그대로 남아 있는 걸지도 모릅니다.

'배신당했다'는 말만 보면 마치 대단히 끔찍한 일이라도 있었던 것처럼 들리지만, 사실 '남을 믿을 수 없다'고 느끼게 되는 계기는 주변에서 보기에 그 정도로 심각한 일이 아닐 때가 더 많답니다.

사람은 자신이 기대하던 결과를 얻을 수 없을 때 '배신당했다' '상처받았다'라고 느낍니다.

자신의 예상과 다른 사건이 일어나 상처를 받았을 때, 결과적으로 '배신당했다'고 느끼기 쉽지요. 상대방에게 악의가 있는지 여부와는 아무런 상관도 없습니다.

중요한 건 자신이 어떻게 느꼈는가입니다.

다음은 '타인에게 기대했다가 실망감을 느껴 남을 믿지 못하게 된 계기'의 예시입니다.

기대		결과
나만의 비밀을 친구에게 이야기했다	➡	소문이 다 퍼져버렸다
오래 알고 지내며 믿고 있는 사람이 있다	➡	그 사람이 나에 대한 악담을 했다
주말에 만나 함께 시간을 보내기로 했다	➡	나와의 약속을 깨고 다른 사람을 만났다
억울한 일이 있어 친구에게 토로했다	➡	별거 아니라는 말만 들었다

'믿는 사람' '가까운 사람' 등, 당신이 마음을 허락한 사람일수록 실망으로 얻는 마음의 상처는 깊어집니다.

어린이에게 부모는 '믿는 사람'과 '가까운 사람' 양쪽 모두에 해당합니다.

그렇기에 어린 시절에 벌어진 일이 남을 믿지 못하게 된 계기가 되는 경우가 아주 많아요.

공원에서 넘어져서 엉엉 우는 어린아이를 상상해 보세요.

이럴 때 낯선 사람한테서 '그런 일로 울면 안 돼!'라고 혼나는 것과 믿고 있던 부모님으로부터 '그런 일로 울면 안 돼!'라는 꾸중을 듣는 것은 마음이 받는 충격의 크기가 서로 전혀 다릅니다.

넘어져서 우는 아이가 기대한 건 '이런, 많이 아프겠다. 그래도 다시 일어나볼까?' 하는 다정한 위로와 함께 손을 잡아주는 것이라고 가정해 봅시다.

하지만 현실에서는 믿고 있던 사람에게 혼이 났다는 뜻밖의 사건이 벌어졌던 겁니다.

이처럼 기대와 다른 사건이 발생할 경우, 사람은 상처받았다거나 배신당했다(기대했던 결과를 얻지 못했다)고 느낍니다. 이 경험의 축적이 '남을 믿지 않는 게 좋아. 배신당하면 상처만 받으니까'라는 생각으로까지 연결되는 것이지요.

당신에게도 어린 시절에 겪은 '남을 믿지 못하게 된 계기'
가 있을 겁니다.

태어나면서부터 남을 못 믿는 사람은 존재하지 않으니까요.

어쩌면 그 계기는 성인이 된 당신의 눈으로 보면 작은 실망
이나 흔히 있을 수 있는 일로 느껴질지도 모릅니다. 당신의
마음이 성장했다는 한 가지 증거이기도 하니 그건 그걸로 충
분합니다.

그러나 어린 시절의 당신에게 있어서 그 사건은 엄청난 배
신이고 크나큰 충격이었을 거예요.

과거의 사건을 지금도 떠올리고 여전히 기억한다는 것 자
체가 어린 시절의 당신이 아주 큰 상처를 받았다는 한 가지의
사실을 말해주고 있습니다. 정말 별것도 아닌 일이었다면 분
명 싹 잊어버렸을 테니까요.

어린이에게 가정과 학교는 인생 그 자체입니다.

가정이나 학교에서 일어난 충격적인 사건은, 세상의 종말로 여겨질 정도로 크고 깊은 상처를 남기고, 이는 결코 과장된 표현이 아닙니다.

이 당시의 괴로운 심정을 해소하지 않고 어른이 되면, 당시의 감정이 냉동 보존된 것 같은 상태가 됩니다.

줄곧 냉동된 상태로 있으면 괜찮지만, 문득 어떤 순간에 해동되면 당시의 감각이 생생히 되살아나겠지요.

그러면 눈앞의 사람과 과거에 날 배신한 사람(혹은 사건)이 마음속에서 겹쳐 '역시 사람은 안 믿는 게 나아. 믿으면 상처받을 테니까'라고 무의식적으로 판단하게 됩니다.

지금 당신이 믿고 싶다고 여기는 사람은 과거에 당신을 배신한 사람과 같습니까?

그게 아니라면 과거를 떠올린 마음이 경계하는 것뿐일지도 모릅니다.

그 사람은 당시의 '그 사람'과 같지 않아요.

그 사람은 믿어도 되는 사람일지도 몰라요.

믿지 않아도 괜찮아요!

당신이 누군가를 믿지 못하는 건,

어쩌면 과거에 상처받은 경험으로부터

'이제 남은 안 믿는 게 낫다'라고

마음에 브레이크가 걸려 있기 때문일지도 몰라요.

하지만 눈앞에 있는 그 사람은

과거에 당신에게 상처를 준

'그 사람'과는 다를지도 몰라요.

당신을 괴롭히는
'착한 아이 콤플렉스'

───────

어린 시절, 주변에서 '손도 많이 가지 않고, 얌전하면서 착한 아이였다'라는 칭찬을 받은 적이 있다. 어른의 눈으로 보기에 '착한 아이'일지도 모르겠지만, 아이 입장에서는 상당한 노력을 하는 중이다. 어린아이다운 욕심을 억누르고 참아, 남에게 폐를 끼치지 않으려는 것으로 사랑을 받으려 애를 쓰는 것이다.

그런데도 보호자가 '이 애는 그냥 놔둬도 괜찮아, 알아서 잘하니까'라며 더욱 방임한다면, 아이에게는 이해받지 못하여 생긴 외로움이 쌓이기만 한다. 이 부정적인 흐름은 어른이 되어도 반복되기 쉽다.

───────

이 중에 당신에게 해당하는 것이 있나요?

☐ 위압적인 사람이 하는 요구를 들어준다.

☐ 부탁을 받으면 거절하지 못한다.

☐ 부탁받지 않아도 알아서 먼저 움직인다.

☐ 상대방이 원하는 말을 한다.

☐ 상대방과 다른 의견이나 생각은 언급하지 않는다.

☐ 자신이 하고 싶은 것보다 상대방이 하고 싶은 걸 우선시한다.

☐ 힘들고 괴로워도 혼자서 노력하려고 한다.

☐ 다른 사람의 푸념은 듣지만, 자신는 푸념하지 않는다.

위의 행동들이 나쁘다거나 하면 안 된다는 뜻은 아닙니다.

이런 것들은 타인과의 의사소통에 어느 정도는 필요한 것이니까요.

하지만 만약 당신이 '나만 참고 있네'라거나 '어쩐지 손해만 보는 것 같아' '그 사람은 치사해'라며 답답함을 느끼고 있다면, 위의 행동들이 당신을 괴롭게 할 가능성이 있습니다.

어린 시절에 몸에 익힌 '착한 아이' 기술이 어른이 된 당신을 살아가기 힘들게 하는 것이지요.

어린 시절, 착한 아이로 행동하는 건 당신이 스스로를 지키는 방법이었습니다.

부모님이나 선생님에게 혼나지 않기 위한 수단이었거나 혹은 형제자매나 친구들과 사이좋게 지내기 위해 필요한 것이었지요.

어렸을 때 당신이 착한 아이로 있었던 건 타인과 잘 어울리기 위한 수단이었을지도 모릅니다. 착한 아이로 있지 않으면 내 보금자리가 없어질 거라고 느끼거나 미움을 받아 외톨이가 되는 게 아닐까 하고 불안감을 느낀 사람도 있었을 거예요.

하지만 성인이 된 지금, 더 이상 그렇게까지 애써서 착한 아이를 연기하지 않아도 된답니다.

어릴 때와는 달리 지금의 당신은 환경도, 사람도 스스로 선택할 수 있으니까요.

어른이 된 후에도 착한 아이로 남아 있으려면 자신을 꽉 억눌러야 합니다.

그 결과, 싫은데도 거절하지 못하거나 자기 의견을 분명히 말하지 못하는 등 진짜 나 자신을 드러내지 못하고 고생하게 되는 거지요.

착한 아이로 남아 있으려고 하는 바람에 몸과 마음이 피폐해지고 있지는 않나요?

당신만 부담을 지는 건 아닌가요?

주변 사람들이 이 '착한 아이'를 이용하는 것 같다고 느낀 적은 없나요?

그 때문에 답답하고 짜증을 느끼지는 않나요?

착한 아이 상태에서 벗어나지 못하고 괴로워하는 사람은 점점 늘어나고 있습니다.

어릴 때 필요했던 착한 아이라는 기술이 당신을 괴롭힌다면, 어른이 된 지금의 당신은 '이제 그 기술을 쓰지 않는다'는 선택지를 고를 수 있답니다.

이제 몸에 익힌 기술을 사용할지 말지 스스로 정해도 돼요.

착한 아이에서 벗어나자!

어린 시절,

당신을 지켜주었던 착한 아이 기술이

어른이 된 당신을 괴롭게 할 때가 있어요.

그럴 때는 그 기술을

일단 봉인해 봅시다.

할 수 있다고 해서

반드시 해야 한다는 규칙은

이 세상에 없으니까요.

스트레스가
한계에 다다른
날에는

스트레스를 잘 해소하지 못하는 사람도 있다. 몸과 마음에 이상 반응이 생기거나 움직일 수 없게 되거나, 혹은 감정이 폭발하고 나서야 자신에게 한계가 왔다는 걸 깨닫는다.

어린 시절에 어른들의 말에 따라 불합리해도 납득하려고 아주 노력해 온 사람들이 주로 보이는 경향이다. 괴로움과 고통에 대한 감정이 둔해진 것이다. 그들은 결코 자기 관리를 못 하는 게 아니다.

지금부터 세상에서 흔히 말하는 '일반적인 스트레스 해소법'을 소개해 드리겠습니다.

우선 한번 읽어보세요. 그 방법을 읽어보고, 이후에 당신이 어떻게 느끼는지를 질문해 보겠습니다.

스트레스를 해소하려면, 우선은 그 원인에서 벗어나는 게 가장 중요합니다.

그뿐만이 아니라 규칙적인 생활, 균형 잡힌 식생활이 기본이 되어야 합니다. 아침 햇살을 받으며 스트레칭을 하는 것만으로도 체내 시계가 리셋됩니다.

스마트폰이나 PC를 보지 말고 밖에 나가 운동하거나 누군가와 수다를 떨며 웃기도 하고, 안 좋은 생각을 떨치기 위해 취미에 몰두해보는 것도 좋습니다.

지금 느끼고 있는 감정을 적어보거나 내가 되고 싶은 나의 모습을 상상해 보는 건 불안한 마음을 진정시키는 효과가 있습니다.

'그래, 한번 해보자!' '그거 참 좋은 생각 같아'라고 느꼈다면

이 모든 걸 다 해보거나 한번 시작하면 계속해야 한다는 규칙은 없으니, 일단 해보고 '이거 참 좋네'라고 느껴지는 것을 당신의 스트레스 해소법으로 삼아보세요.

한꺼번에 이것저것 다 하는 건 오히려 스트레스가 됩니다.

'나도 그 정도는 알아' '또 이 소리네'라고 느꼈다면

그렇게 생각한 건 스트레스를 해소하고 싶다고 진지하게 고민해 본 적이 있기 때문입니다.

이런 사람들은 이미 책을 읽거나 인터넷 검색을 하면서 여러 가지 스트레스 해소법을 시험해 봤겠지요.

앞서 언급한 스트레스 해소법을 읽고 울컥 짜증이 나거나 답답함을 느끼는 사람도 있을지 모르겠지만, 우선 '그렇게 느낀 나 자신'을 칭찬해 주세요.

'나도 그 정도는 알아' '또 이 소리네'라고 생각하게 되는 건 이제까지 당신이 스트레스 해소법을 꾸준히 찾아왔기 때문입니다. '그것 가지고는 안 돼'라고 느끼는 것 역시 여러모로 시도해 봤기 때문이지요.

어쩌면 '그것 가지고는 안 돼!'라고 짜증이 날 정도로 당신이 지금 품고 있는 스트레스가 큰 것일지도 모릅니다.

그만큼의 스트레스를 품고 있는 상태에서 지금 이렇게 책을 읽는 거라면, 당신은 대단히 노력하는 거라고 할 수 있어요. 참 대단합니다.

아까 설명한 스트레스 해소법이 나쁘다는 게 아닙니다.

사람마다 좋아하는 음식이나 좋아하는 음악이 다른 것처럼 저마다 맞는 스트레스 해소법이 다 다른 거예요.

그저 단순히 일반적인 스트레스 해소법이 당신에게 안 맞았던 것뿐이지요.

사실 스트레스는 몸과 마음의 긴장입니다.

스트레스로 의욕이 생기지 않고, 움직일 수 없는 상태라는 건 지속적인 긴장에 의한 에너지 소진 상태라 볼 수 있습니다.

긴장이나 경계, 불안으로 힘이 바짝 들어간 상태를 해소하려면 '힘 빼기'와 '휴식'이 큰 효과를 발휘할 수 있어요.

스트레스 해소를 위해 뭔가를 하는 게 아니라, 스트레스 해소를 위해 '아무것도 안 하기'가 필요한 사람도 있답니다.

어릴 때 게임을 하거나 만화 보는 것을 제한받았던 사람이라면 저항감이 크게 들 수도 있겠지만, 그저 누워서 유튜브 영상을 봐도 좋고, 게임을 하거나 만화를 읽는 것도 좋은 방법입니다.

아무것도 안 하고 뒹굴뒹굴 쉬는 것만으로도 스트레스가 해소되는 사람도 많아요.

그렇게 했을 때 어쩐지 스스로가 한심한 느낌이 든다면, 어릴 때 부모님으로부터 꾸중을 들은 경험이 마음 어딘가에 남아 있어서일지도 몰라요.

하지만 음악을 듣는 건 스트레스 해소에 좋고, 게임을 하는 건 안 좋다는 게 아닙니다.

비즈니스 서적을 읽는 건 좋고, 만화를 읽는 건 안 좋다는 것도 아니지요.

만화에 몰두하는 건 괜찮아도, 유튜브에 빠지는 건 좋지 않다는 것도 아니에요.

세상에 일반적으로 통용되는 스트레스 해소법이 맞지 않다고 느끼는 사람은 '아무것도 하지 않기' 혹은 '뒹굴면서도 할 수 있는 일'을 찾아 시도해 보세요.

일반적으로 '좋다'고 여겨지는 일에 너무 집착하지 마세요.

스트레스는 몸과 마음의 긴장이니까

아무것도 안 하면 안 되는 게 아니에요.

아무것도 안 하는 게 필요할 때도 있어요.

과거의 규칙
버리기

'부모님이 늘 웃고 지나면 좋겠어. 기쁘게 해드려야 해.'

'혼나기 싫어. 칭찬만 받고 싶어. 정신 차려야지.'

'나약해지면 안 돼. 강해져야 해.'

'노력하지 않으면 인정받지 못할 거야.'

'빨리해야 해. 서둘러야 해.'

어릴 때 익힌 이런 기술들은 어른이 됐을 때 '타인'에게도 같은 영

향을 준다.

'오늘 하고 싶은 일'과 '오늘 꼭 해야 하는 일' 모두를 떠올려보세요.

 둘 중 어느 쪽이 더 많나요?

 지금부터 여러분이 읽게 될 것은 '하고 싶은 일'이 생각나지 않는 당신, '오늘 꼭 해야 하는 일'이 너무 많아서 우울한 기분이 드는 당신에 대해서입니다.

 '해야 한다' '반드시 해내야 한다'라는 사고방식은 어린 시절에 형성됩니다.

 어릴 때 부모가 당신에게 기대했던 일이나 부모의 인정을 받기 위해 노력했던 일, 부모에게 심하게 혼났던 일은 어른이 된 당신의 마음에 또렷이 남아 있어요.

 기억을 한번 더듬어보세요.

당신의 부모님은 당신에게 무엇을 기대하고 있었나요?

당신이 어떤 식으로 자라길 바랐을까요?

공부, 집안일 돕기, 친구와 사이좋게 지내기 등, 부모가 생각하는 착한 아이다운 모습이나 남자다움 혹은 여성스러움을 요구받은 사람도 있을지도 모르지요.

예를 들어, 공부로 좋은 성적을 내도록 요구받은 사람이라면 '업무로 성과를 내야만 한다'라고 생각하게 됩니다. **성과를 남겼을 때만 칭찬받은 사람일수록 결과에 집착하는 법입니다.** 노력 여부가 아니라 실질적인 성과를 냈는지 아닌지로 판단하는 거지요.

하지만 어른이 되면 어린 시절처럼 성과를 낼 기회가 그리 많이 찾아오지 않으니 좋은 결과를 내지 못하는 자신을 탓하거나 주변과 비교해서 풀이 죽는 경우도 늘어만 가게 됩니다.

성과를 내는 걸 당연하게 여기는 사람은 뭘 달성하더라도 '

뭘 이 정도로' '나보다 더 잘하는 사람도 많아'라며 자신에게 엄격한 잣대를 들이대기 쉽습니다.

해도 해도 만족하지 못하고, 항상 뭔가 부족하다는 생각을 품게 돼요. 자신의 노력을 인정하거나 칭찬하는 게 서툰 사람들이 참 많답니다.

성과를 내지 못해 혼이 나거나 부모님을 실망시킨 경험이 있는 사람은 '성과를 내지 못하는 나는 가치가 없다'라는 공포에 가까운 감정을 느끼게 됩니다.

과거의 상처가 깊은 사람일수록 도전하기 전부터 '어차피 나한테는 어려운 일이야' '해봤자 소용없어'라고 포기하기 쉬워요. 자기방어적인 반응으로 아예 도전을 포기해 버리는 선택지를 고르게 되는 거예요.

애초에 도전하지 않으면 누군가를 실망시키는 일도 없을 거고, 자신도 상처받지 않을 테니까요.

이처럼 부모가 당신에게 요구한 '과거의 규칙'은 성인이 되어도 '해야 한다' '반드시 해내야 한다'라는 강박으로 스스로

에게 꾸준히 영향을 줍니다.

과거로부터 생긴 이러한 영향은 특별히 의식하지 않는 한 스스로 깨닫기는 어렵습니다.

그렇게 행동하는 게 당연한 것이 되어 있기 때문입니다.

'해야 한다' '반드시 해내야 한다'라고 여기는 것은 나쁜 게 아니에요.

세상에는 해야 할 일이 많이 있으니까요.

그러나 '해야 한다' '반드시 해내야 한다'는 생각 때문에 마음이 피폐해진다면 과거의 규칙이 현재의 나에게 너무 강하게 작용하고 있는 것일지도 모릅니다.

'○○ 해야 한다' '반드시 ○○를 해내야 한다'라고 생각하는 것 모두를 종이에 적어보세요. 스마트폰에 메모해 보는 것도 좋아요.

모두 다 적으면 글자가 희미하게 보일 정도로 거리를 두고 다시 읽어보세요.

자, 지금 적은 내용은 당신이 '하고 싶은 일'인가요?

혹시 '어릴 때 부모님이 당신에게 요구한 것' '부모가 당신에게 기대한 것'은 아닌가요?

과거의 규칙은 어린 시절 당신에게 필수불가결한 것이었습니다. 그 규칙은 당신이 그 집에서 살아가기 위해 꼭 필요한 것이었지요.

하지만 어른이 된 지금, 어린 날의 당신에게 필수였던 '과거의 규칙' 중에는 이제 더는 필요하지 않은 것도 많아요.

'해야 한다' '반드시 해내야 한다'는 강박 때문에 매일 숨쉬기도 괴롭고, 인간관계에 지친다면 과거의 규칙을 줄여보도록 합시다.

과거의 규칙을 줄이는 첫걸음은 어린 시절에 가지게 된 착각이 무엇인지 깨닫는 것입니다.

2장

타인에게 휘둘리다

미움받지 않기 위한
선택

―――――――――――

'누구에게나 좋다는 말만 하는 예스맨'이라는 지적을 받아 고민하는

사람이 늘어가고 있다. 하지만 이러한 행동은 사실 '사랑받기 위해'

서가 아니라 '미움받지 않기 위해' 그러는 경우가 더 많다.

나 자신을 위해서라기보다 상대방에게 상처를 주지 않고, 불쾌하게

하지 않으려고 정중한 말을 사용하는 것이다.

자신이 이득을 보기 위해 그러는 게 아니다.

―――――――――――

'아무한테나 다 좋다는 말만 하는 예스맨'이라는 말을 들으면 좋아할 사람은 없을 거예요.

하지만 자신이 이득을 보기 위해 일부러 아무에게나 다 좋다는 식으로 행동하는 거라면, 그건 그렇게 깊게 고민할 필요도 없을 겁니다.

그런 말을 들으면 '좀 기분이 나쁘네' '무슨 그런 실례되는 말을' 하고 불만이야 있겠지만 마음에 큰 충격을 받을 정도는 아니겠지요.

그건 뭐든 좋다고 받아들일 때의 장단점을 이해한 상태에서 자발적으로 '무엇이든 좋다'고 하는 행동을 선택하고 있는 것이기 때문입니다.

이런 말에 깊이 상처받고 고민하는 건, 그럴 마음이 없는데도 그런 오해를 받는 사람입니다.

특별히 호감을 얻고자 하는 게 아니라 미움받지 않기 위해 무의식적으로 행동할 경우에는 특히나 고민이 깊어집니다.

미운털이 박히지 않으려고 노력하는데도 오히려 그 때문에 주변에서 미움을 사는, 그야말로 스스로 어떻게 하면 좋을지 모르는 상태라고 할 수 있지요.

다음과 같은 상황을 상상해 보세요.

어느 날 갑자기 학창 시절의 친구로부터 연락이 와 "동창회를 열고 싶은데 친구들한테 연락 좀 돌려줄 수 있니? 명단 줄 테니까 걱정하지 마. 나는 장소를 잡을 테니까"라고 부탁을 받았습니다.

당신은 이 부탁을 들어줄 건가요? 아니면 거절할 건가요?

여기서 중요한 건 이 요청을 받아들일지 말지가 아닙니다. **어떠한 이유로 받아들일 것인지, 혹은 거절할 것인지라는 점입니다.**

제일 좋은 건 **자신의 마음에 솔직한 선택하는 것입니다.**

'친구를 위해 받아들이자' '하고 싶으니까 받아들이자' '모처럼 이런 부탁까지 받았으니 받아들이자' '바쁘니까 그냥 거절하자' 등 자신의 마음에 맞춰 행동할 수 있다면 후회하지 않을 거예요.

반대로 후회가 남기 쉬운 게 바로 '미움받지 않기 위해서' 라는 선택입니다.

'거절하면 미움받을 것 같으니까 그냥 수락하자' '나쁘게 생각할지도 모르니 받아들이자' '내가 잘 해내지 못하면 민폐만 끼치게 되니 거절하자' 등 상대방의 눈높이에 맞춰 행동하면 후회하기 쉬워요.

미움받지 않기 위해 행동하는 게 잘못됐다는 건 아닙니다.

소중한 사람에게 상처를 주지 않고, 누군가에게 미소를 선사하고, 공격받지 않고 넘어갈 수 있다면 그로 인해 얻게 되는 것도 많으니까요.

그러나 그렇게 했는데도 얻는 것보다 상처받는 게 더 많다고 느낀다면, 미움받지 않으려고 노력하지 않는 게 더 나을 수도 있습니다.

'나는 어떻게 하고 싶을까?'라고 나 자신에게 물어보세요.

'내가 이렇게 하고 싶으니까'라는 이유로 행동해도 괜찮답니다.

이제는
자신을 위해
움직일 때

―――――――――――

누군가가 힘들어 보이면, 내가 지쳐 있는 상황에서도 행동하게 되는 사람이 있다.

누군가를 생각하는 마음씨는 훌륭하지만, 과거의 영향을 크게 받은 경우에는 '하고 싶다'라는 즐거운 마음보다도 '해야 하는데……'라며 뭔가에 쫓기듯 행동하게 되는 경우가 많다.

그 결과, 마음이 충족되지 못하고 '왜 나만 자꾸'라는 생각만 하며 불만이 쌓이기 쉽다.

―――――――――――

누군가에게 짜증이 나거나, 불만이 생기는 자신을 탓하지 마세요.

항상 누군가를 위해 움직이는 당신이 '또 나만 자꾸……' 라고 느낀다면 그건 누군가를 위해 너무 애를 썼다는 신호랍니다.

시간에 쫓기면 아무리 마음씨가 고운 사람이라도 짜증이 납니다.

그런 나의 모습을 보고 풀이 죽거나 책망하지 말고 '아, 그래, 이렇게까지 내가 노력했구나'라고 스스로를 인정해도 돼요. 짜증이나 불만이 생길 정도로 누군가를 위해 행동했다는 뜻이니까요.

누군가를 위해 행동하는 건 당신의 장점입니다. 어려운 사람이 있으면 도와주고 싶다고 생각할 수 있는 것도 당신의 마음이 곱다는 뜻이랍니다.

누군가를 위해서 노력할 수 있는 당신이기에 극복할 수 있었던 것도 많았을 겁니다.

이건 당신의 '좋은 점'이기도 해요.

하지만 내가 해야 할 일이 너무 많아 여유가 없으면 누군가를 위해 움직일 수 없을 때도 있겠지요.

어쩔 수 없이 요청을 수락하긴 했지만, 내 시간이 없어서 차라리 거절할 걸 그랬다고 후회할지도 모릅니다.

특히 지쳐서 체력이 소모됐을 때는 '도와주고 싶긴 하지만 내 상황이……'라며 마음에 브레이크가 걸리기 쉬워요.

이건 아주 정상적인 마음의 반응입니다. 냉담한 행동이 아니라 나 자신의 마음과 몸을 지키기 위해 꼭 필요한 판단이라고 여기세요.

누군가를 위해 움직이려면 시간과 체력을 쓰게 됩니다.

그래서 '누군가를 위해 행동하지 않을 때'도 필요합니다.

이 이상 짜증과 답답함을 느끼지 않기 위해, 남에게 불만을 폭발시키지 않기 위해, 일부러 부탁을 받아들이지 않는다는 선택지가 있어도 된답니다.

특히 시간과 체력, 양쪽 모두에 여유가 없을 때는 스스로에게 또는 타인에게 쉽게 짜증이 날 수 있으니까요.

짜증이나 불만이 폭발할 것 같으면 '누군가를 위해'를 좀 줄이고, 그만큼 '나를 위해'를 더 늘려보세요.

당신이 남을 위해 움직인 것처럼 나 자신을 위해서도 움직여보는 거예요.

'나만 자꾸……'라는 생각은
당신이 지나치게 노력했다는 신호!

누군가를 위해 움직인 것처럼

나 자신을 위해서도 움직여주세요.

누군가를 염려하고 생각한 것처럼

나의 마음도 챙겨주세요.

방어를 위한
공격

―――――――――

별거 아닌 일로 공격적인 모습을 보이는 사람이 있다. 어릴 때부터 자신의 마음을 억누르는 사람에게 많이 보이는 현상이다.

대부분의 경우, 상대방에게 상처를 줄 의도가 있는 게 아니라 방어를 위해 자신도 모르게 공격적으로 행동하게 되는 것이다. 주변 사람들로부터 무신경한 간섭이나 참견을 받는 바람에, 자신의 내면을 들키게 될까 봐 생기는 두려움에서 비롯되는 행동이다.

―――――――――

문득 울컥 화가 나가나 특정한 말이나 행동 때문에 짜증이 나는 건 나 자신을 지키기 위한 방어적 반응일지도 모릅니다.

당신의 성격이 나빠서, 혹은 다혈질이어서 그런 게 아니랍니다.

소중히 아껴온 무언가가 침해당할 것 같을 때 혹은 나의 무언가를 부정당했다고 느꼈을 때 나오는, '더 이상 내 마음속으로 파고들지 마!'라는 메시지가 담긴 하나의 신호예요.

주변 사람들에게는 그러한 당신이 화를 내며 공격하는 것처럼 보일지도 모릅니다.

하지만 사실은 상대방에게 공격당할 것 같으니(혹은 공격당했으니까), 방어를 위해 자기도 모르게 재빠르게 공격했을 뿐인 경우가 아주 많아요.

공격당할 것 같다고 느낄 때, 사람의 행동은 흔히 두 가지

패턴으로 나뉩니다.

첫 번째는 경직 상태입니다.

산속을 산책하고 있는데 갑자기 눈앞에 곰이 나타나자 너무 무서워서 몸이 딱 굳어버리는 느낌입니다. 공포로 인해 완전히 사고가 정지되고, 그 장소에서 움직일 수 없게 되는 것이지요.

두 번째는 전투태세입니다.

전투태세에는 '도망치기'와 '맞서 싸우기', 이 두 가지의 선택지가 있습니다.

도망친다는 선택지는 갑자기 곰이 눈앞에 나타났을 때 '앗, 위험해!'라며 얼른 도망치는 것과 같아요.

싸운다는 선택지는 내가 공격당하기 전에 상대를 먼저 없애버린다는, 방어를 위한 공격입니다. 곰이 나타났을 때 싸우지 않으면 내가 죽는다는 생각으로 주변의 물건을 사용해 맞서 싸우려는 행동입니다.

몸을 지키기 위해 움직이지 않는 경직 상태와는 달리, 몸을 지키기 위해 어떻게든 움직이는 게 전투태세라고 보면 돼요.

둘 중 어느 것을 선택하게 되는지는 선천적인 성격이나 태어나 자란 환경의 조합에 의해 달라집니다.

어느 쪽을 선택하는 게 더 좋다는 게 아닙니다.

나는 어느 쪽을 더 자주 선택하는지를 파악하여 스스로를 이해하기 위한 힌트로 삼는 것이 중요해요. 자신에게 무슨 일이 일어나는지를 알면, 쉽게 패닉에 빠지지 않으니까요.

순간적으로 누군가를 공격해서 후회하는 사람은 위험을 느꼈을 때, 두 번째 선택지인 '전투태세'에 들어가는 경향이 많습니다. 당신의 성격이 공격적이어서가 아니라 몸을 지키기 위한 수단으로써 공격할 때가 많은 것이지요.

일단은 공격하는 것을 그만두고 싶다고 말하는 사람이 많지만, 그건 일시적인 대처법에 불과합니다.

수도꼭지에서 물이 계속 흘러나와 욕조에서 물이 넘치고 있을 때, 더는 물이 넘치지 않도록 욕조 속의 물을 열심히 퍼내는 것과 똑같은 거지요.

물이 넘치는 상황을 해결하기 위해서는 일시적인 대처가

아니라 물이 나오는 수도꼭지를 잠가야 합니다.

당장 자신의 성격을 고치려는 것보다 우선 내가 무엇에 반응하는가를 알아두는 편이 더 중요합니다.

당신이 상대방의 무엇에 반응해서 순간적으로 공격하게 되는지를 파악하는 것이 상대방에 대한 공격을 그만두는 지름길이니까요.

당신이 화를 냈던 건

방어적인 반응일지도 몰라요

성격이 나쁘거나

다혈질이거나

고운 마음씨가 사라진 게

아니랍니다.

괜찮아요, 괜찮아.

누군가와
함께일 때
괴로워진다는 건

상대방의 감정에는 민감하지만, 자신의 마음에는 둔감한 사람이 있다. 꾹 참거나 노력하는 게 당연하다고, 이 정도는 별것 아니라고 생각하기도 한다. 푸념이나 폭언이 많은 환경이라면 마음마저 마비되기도 한다.

누군가와 함께 있을 때 괴로워진다면 당신의 마음이 상처받은 상태임을 알리는 신호다. 상대방이 좋은 사람인지 아닌지는 상관없다.

상대방의 입장에 서서 생각할 줄 아는 사람일수록 어떤 행동을 할 때 '상대방'을 주어로 삼습니다.

이 주어를 '나 자신'으로 바꾸는 것만으로도 조금씩 자신의 감정을 소중히 할 수 있게 돼요.

방법은 아주 간단하답니다.

평소처럼 상대방을 우선으로 생각한 후, 나 자신에 대해 생각하는 것만으로 충분합니다.

이때 한 가지 주의할 점이 있습니다.

바로 생각하는 순서지요. 마지막에는 반드시 내가 어떻게 하고 싶은지 꼭 생각하세요.

왜 생각하는 순서가 중요한지를 설명하겠습니다.

우선 아래에 나오는 A와 B의 문장을 읽고 비교해 보세요.

A : 이 도넛은 너무 맛있지만 엄청난 고칼로리야.

B : 이 도넛은 엄청난 고칼로리지만 너무 맛있어.

A와 B의 문장은 같은 단어의 순서만 바꾼 것뿐이지만 각각 인상이 많이 다르지요?

더 맛있는 도넛이라고 느껴지는 건 A와 B, 어느 쪽인가요?

아마 B라고 대답하는 사람이 더 많을 것 같습니다.

이건 뇌의 습성 중 하나로, 뇌에는 '마지막에 들은 말이 인상에 가장 크게 남는다'라는 성질이 있기 때문입니다.

아까 생각하는 순서가 중요하다고 말한 이유가 바로 여기에 있습니다.

상대방부터 우선시하고 마는 사람은 자신에 대해 잘 생각하지 못합니다.

나에 대해 생각을 해보려고 해도 어려움이 느껴질 뿐이니, '마지막에 들은 말이 인상에 가장 크게 남는다'라는 뇌의 습성을 이용해서 스스로의 마음을 어렵지 않게 의식하는 것부터 시작합시다.

예를 들어보면, '저 사람은 이러길 바라겠지'라고 생각했을 때 '저 사람은 이러길 바라겠지'라는 생각의 주어는 상대방이므로 이는 상대방을 우선시하는 사고방식이라 할 수 있습니다.

여기에 '나'를 넣어 결과적으로 자신을 우선시하는 방향으로 생각할 수 있답니다.

'저 사람은 이러길 바라겠지. 하지만 난 어떻게 하고 싶을까?'라고 말이지요.

지금까지 상대방을 우선으로 생각했던 사람이 갑자기 '상대방 대신 나를 우선시해서 생각하자'라며 사고방식을 바꾸는 건 매우 어려운 일입니다.

우선 상대방 우선시하는 마음에 '나'를 더하는 것부터 시작해 보세요.

'상대방은 어떨까?'

+

'그럼 나는 어떨까?'

상대방을 우선으로 생각했던 당신이기에,

상대방을 우선시하는 마음에

나를 더하는 것부터 시작해요.

나를 중심으로
살아가는 삶

나를 중심으로 살아간다는 건 이기주의나 아집과는 다르다. '나는 이렇게 생각해' '나는 이게 좋아'라는 마음을 소중히 해야 한다.

상대방을 기쁘게 하기 위해서라면 얼마든지 노력할 수 있지만 나를 위해 행동하는 일에는 브레이크가 걸리는 사람들 대부분은 '나를 중심으로 산다는 건 곧 이기적이고 고집스럽다는 것'이라는 인식이 심어져 있다. 자신을 우선시할 수 없는 이유는 바로 여기에 있다.

'나만의 중심축이 없다.'

'나 자신의 축을 단단히 하고 싶다.'

'남을 주축으로 삼고 행동하는 걸 그만두고 싶다.'

당신은 이런 생각을 한 적이 있나요?

인터넷에서 '내 중심축' 같은 단어를 검색해 보면 '나의 중심축을 찾는 법' '내 중심축을 단단히 하는 법'과 같은 내용의 글들이 열거됩니다.

이러한 정보가 넘쳐나서 그런지, '남을 주축 삼아 행동하는 건 나쁘다'라는 편견으로 스스로를 내모는 사람을 많이 찾아볼 수 있어요. 그러면 자신의 인생을 부정당하는 것 같아 많이 괴로울 거예요.

절대로, 남을 주축 삼아 행동해서는 안 된다는 게 아닙니다.

살아가기 위해서는 나를 중심으로 하는 축도, 남을 중심으로 하는 축도 다 필요하니까요.

남을 중심으로 삼아 사는 걸 우선시해도 매일 충실한 삶을 살고 있다면 전혀 문제 될 게 없어요.

중요한 건 지금 당신이 지쳐 있는가 아닌가입니다. 남들과 같이 있는 게 힘들다고 느끼는지가 중요한 거예요.

만약 쉽게 피곤해지기만 한다거나 힘들다고 느낀다면 지금처럼 남을 주축으로 삼는 것을 줄이고, 그만큼 좀 더 나를 중심으로 하는 축을 단단히 하는 게 더 좋을지도 모릅니다.

'중심축이 단단한 사람'이라는 말을 들으면, 당신은 어떤 사람을 상상하게 되나요?

착각하기 쉽겠지만, 나를 중심으로 살아가는 건 '아집'이나 '이기주의'와는 다릅니다.

내 의견을 제멋대로 말하고, 생각하는 건 뭐든지 입에 담거나 자기 뜻대로만 행동하는 게 자신을 중심축으로 삼고 산다는 걸 말하는 게 아닙니다.

모두가 "우리 라면이나 먹으러 가자!"라고 한껏 들떠 있을 때 "라면은 무슨, 그런 걸 왜 먹어" "난 초밥 먹고 싶으니까 초밥 아니면 안 먹을 거야"라며 자신의 의견을 쏟아내는 건 자신을 중심축으로 삼는 삶이 아닙니다.

모두와 의견이 달라도 내가 초밥을 먹고 싶다는 그 마음을 부정하지 않고 인정하는 것이나 초밥을 먹고 싶다고 전할지 말지 고민하는 것, 다 함께 라면을 먹을지 혼자서 초밥을 먹을지 등의 선택지를 만들고 스스로 생각하고 행동할 수 있는 게 '나를 중심축으로 삼고 산다'는 것입니다.

나 중심의 축을 가지고 사는 것은 내 의견을 소중히 하는 것과 같습니다.

내 의견을 가지면서 동시에 그 의견을 말할까 말까, 행동할까 말까도 스스로 정할 수 있는 삶이지요.

내 중심의 축을 단단히 하고 싶지만 '내가 어떻게 하고 싶은지 알 수 없다'라는 사람은 혼자 있을 때 스스로에게 뭘 먹고 싶은지 뭘 마시고 싶은지 질문해 보세요.

대답이 나오면 자신에게 왜 그걸 먹고 마시고 싶은 건지 더 질문해 보세요.

이때 주의점은 **그 어떤 의견도 부정하지 않는 것입니다.**

설령 그게 '왜? 그게 먹기 편해서?'라거나 '딱히 이유는 없지만 가격이 저렴해서'와 같은 살짝 부정적인 대답이라도 말이지요.

'그런 건 좋지 않다'라고 내 의견을 부정하지 말고 '그렇구나' 하고 받아들이세요. 받아들일 수 없어도 되고, 공감할 수 없어도 괜찮으니 부정하지 않는다는 것만 염두에 두세요.

왜 부정하면 안 될까요?

그 이유는 **자기 부정만 하고 있으면 내 의견이 나오지 않게 되기 때문입니다.** 이런 식이라면 내 중심의 축을 길러낼 수 없게 돼요.

당신의 의견을 부정만 하는 사람이 있다면, 더는 그 사람에게 의견을 꺼내기도 어려워지잖아요.

마찬가지로 자기 부정도 그와 같은 영향을 끼칩니다. 자신을 책망만 하면 점점 나의 솔직한 마음을 드러낼 수 없게 돼요.

그래서 내 안에서 샘솟은 감정이나 의견이 어떤 것이든 부정하지 말고 우선 인정해 주세요.

세상에는 싫은 사람도 많으니까, 나 하나 정도는 나를 위한 절대적인 아군이 되어줘도 좋지 않을까요?

어른이 되어서도
벗어나지 못한
부모님의 그림자

나를 중심으로 삼는 축의 기준은 '내가 어떻게 있고 싶은가, 어떻게 하고 싶은가'이며, 남을 중심으로 삼는 축의 기준은 '상대방이 어떻게 생각하는가, 상대방으로부터 어떻게 보이는가'이다.

그런데 나 혹은 남뿐만 아니라, '부모 중심의 축'이 강한 사람도 늘어나고 있다. 남 중심의 축과 마찬가지로 '부모가 어떻게 생각할지'가 모든 일의 중심이 되는 것은 물론이고, 자신의 중심축까지 침식하게 된다. 그래서 자신의 마음도 잘 인식하지 못하게 되어 살아가는 데 어려움을 느낀다.

휴직하고 싶지만 '부모님이 어떻게 생각할까?' '부모님이 뭐라고 말할까?' 같은 생각을 하거나, 무언가 갖고 싶을 때 '부모님은 뭐라고 하시겠지?' 같은 추측을 한 적이 있나요?

뭔가를 결정할 때 '상대방이 어떻게 생각할까(남 중심의 축)'가 아니라 '부모님이 어떻게 생각할까'가 먼저 머리를 스친다면 부모 중심의 축이 강할 가능성이 큽니다.

'부모 중심의 축'이라고 하면 의미가 잘 와닿지 않을 수도 있을 테니, '나 중심의 축' '남 중심의 축'과 비교해서 몇 가지 사례를 열거해 보겠습니다.

좋아하는 것

나 중심의 축을 가지고 있다면, '나는 이걸 좋아한다'라고 무언가를 진심으로 좋아하는 마음을 표현할 수 있습니다.

남 중심의 축을 가지고 있다면, 주변이 어떻게 생각할지부터 신경 씁니다. '이걸 좋아한다고 하면 다들 뭐라고 할까? 이상하다고 여기지 않을까?'를 염려해 모두와 뜻을 맞추거나 책잡힐 곳 없는 의견만 제시합니다.

부모 중심의 축을 가지고 있다면, 남 중심의 축에 더해 '부모님이 어떻게 생각할까'라는 생각부터 머릿속을 스칩니다. 부모의 낯빛을 살피며 자란 사람일수록 부모가 좋아하는 게 뭔지는 알아도 자신이 뭘 좋아하는지는 몰라서 고민합니다. 내가 뭘 좋아하는지 모르겠다는 사람도 많아요.

하고 싶은 것

나 중심의 축을 가지고 있다면, '내가 하고 싶은지 아닌지' '나에게 있어 필요한지 아닌지'를 중심으로 생각합니다.

스스로 판단하여 행동할 수 있으므로, 성공하면 자신감이 붙습니다. 실패할 경우 그에 따른 충격은 받겠지만 자신이 내린 판단이어서 결국은 잘 후회하지 않지요.

남 중심의 축을 가지고 있다면, '주변이 어떻게 생각할까?'

‘다들 뭘 바랄까?’에 대해 생각합니다.

상대방의 판단에 맡기는 부분이 많아서, 성공하더라도 상대방 덕분이라고 여길 때가 많아요. 실패했을 때도 ‘차라리 내 마음대로 할 걸 그랬어……’ ‘저 사람 때문에……’와 같은 후회와 불만이 남기 쉽습니다.

부모 중심의 축을 가지고 있다면, 남 중심의 축에 더해 ‘부모가 어떻게 생각할까?’ ‘부모가 인정해 주긴 할까?’부터 고려합니다.

부모 중심의 축이 강한 사람일수록 무언가를 결정할 때 ‘내 의견 < 남의 의견 < 부모의 의견’ 순으로 고려합니다. 내가 하고 싶은 일을 부모로부터 부정당한 과거가 있다면 ‘하고 싶다’라는 욕구 자체를 억누르게 되고, 혹은 실패를 지적당한 경험이 있다면 ‘해봤자 실패할 거라면 차라리 안 하는 게 낫다’라고 도전마저 포기할 때도 있어요.

다이어트
나 중심의 축을 가지고 있다면, 자신의 이상에 가까워지기 위해 다이어트를 합니다. 스스로가 건강해지고 싶으니까 다이어트를 하는 것이지요.

남 중심의 축을 가지고 있다면, 다른 사람보다 더 아름다워지고 싶어서 다이어트를 합니다. 누군가로부터 몸매에 대한 지적을 받고 싶지 않아서 다이어트를 하고요. 다른 사람에게서 '건강해 보이지 못하다'라는 말을 듣고 싶지 않아서 다이어트를 하는 겁니다.

부모 중심의 축을 가지고 있다면, 남 중심의 축에 더해 '부모의 말'의 영향이 강하게 남게 됩니다. 다이어트에 성공하더라도, 남들에게 칭찬받더라도 과거에 들은 부정적인 말 때문에 스스로에게 자신감을 가지지 못해 고민하지요.

어릴 때 들은 '넌 뚱뚱해'라는 말이나 '못생겼어'라는 외모 비판이 어른이 되어도 마음에 깊은 상처로 남은 상태입니다. 거기서 빠져나오기 위해서나 평범함에 가까워지기 위해 다이어트를 할 때도 있어요.

'부모 중심의 축'이라는 건 부모가 어떻게 생각하는지, 어떻게 느끼는지를 중시하는 사고방식입니다.

부모 중심의 축이 강한 사람은 그 집안에서 살아가기 위해 많은 생각을 하며 순응해 왔다고 할 수 있어요. 어린 시절에 가정 내에서 열심히 노력했던 사람이지요.

부모님을 위해서 노력하거나 인정받기 위해 했던 노력이 부모 중심의 축을 강하게 한 것입니다.

부모님에게 굳이 꾸중을 듣고자 하는 아이는 없을 테니, 다들 누구나 어느 정도는 부모 중심의 축을 가지고 있습니다.

부모님에게 칭찬과 인정, 사랑을 받고 싶다면 부모 중심의 축을 우선시할 수밖에 없지요.

하지만 만약 당신이 인간관계에 힘겨움을 느낀다면 부모 중심의 축을 조금씩 줄여보세요.

'부모님이 어떻게 생각할지'가 먼저 머리를 스쳤을 때는 '하지만 난 어떻게 하고 싶은 걸까?' 하고 나 자신에게 물어보세요. 이걸 반복해서 조금씩 부모 중심의 축이 가하는 영향을 줄여나가는 거예요.

그래도 부모 중심의 축이 너무 강해서 어려움을 느끼는 경우, 1장에서 설명한 과거의 착각이 당신을 괴롭히고 있는 게 아닌지 되돌아보세요.

3장

싫은 건 싫다고 말하는 용기

원인만 알면
현재와 미래는
모두 바꿀 수 있다

―――――――――

당신이 지금 품고 있는 고민의 원인이 과거의 경험 혹은 부모와의 관계에 있다고 해서 과거를 원망하거나 부모를 싫어할 필요는 없다. 그렇게 돼도 괜찮고, 꼭 그러지 않아도 된다.

중요한 건 '고민의 원인이 나로 인한 것이 아니다'라는 점을 이해하고, 자책감에서 벗어나는 것이다. 그것만으로도 마음은 가벼워진다.

―――――――――

당신이 핫케이크를 만들었다고 해봅시다. 어째서인지 핫케이크가 기대한 것만큼 보들보들하게 부풀어 오르지 않았다고 가정해봐요.

당신은 자신이 핫케이크를 잘못 구웠다고 여기고, 인터넷에 요리법을 검색해 보거나 유튜브에서 전문가들은 핫케이크를 어떻게 굽는지를 살펴보기도 할 거고, 잘 코팅된 프라이팬을 새로 사보는 등 여러 가지 방법을 찾아보려 할 겁니다.

그렇게까지 노력을 기울였는데도 잘 안 구워진다면요?

사실은 당신이 핫케이크를 잘못 구웠기 때문이 아닙니다. 빵을 부풀리는 역할을 하는 베이킹파우더가 들어가지 않았다는 게 핫케이크가 부풀지 않은 원인이었던 겁니다.

이 진짜 원인을 깨닫지 못하면, SNS에 올라온 맛있어 보이는 핫케이크 사진을 보고, '다들 이렇게 잘만 굽는데' 하고 풀이 죽거나 '내가 뭘 잘할 수 있겠어'라며 자책하게 될 거예요.

하지만 **진짜 원인만 알면 '그럼 이제 어떻게 하지?'라면서 대처법을 생각해 볼 수 있습니다.**

오히려 이제까지 핫케이크를 구우며 온갖 시행착오를 거쳤기에 베이킹파우더를 넣기만 해도 최고로 훌륭한 핫케이크를 구울 수 있을지도 몰라요.

당신이 지금 품고 있는 고민의 원인은, 어쩌면 과거에까지 거슬러 올라가 찾아내야 하는 것일 수도 있습니다.

'과거는 바꿀 수 없다' '이제 지난 일은 다 잊고, 앞으로 나아가야 한다'라는 말도 있지만, 무엇이 진짜 원인인지 알아내는 것도 매우 중요합니다. 핫케이크의 예시와 마찬가지로 올바른 원인을 아는 것은 고민 해결에 필수적이지요.

고민의 원인을 찾는 것은 과거를 원망하고 거기에 매달리는 것과 다릅니다.

원인을 파악하는 건 과거를 한탄하고 상대방을 원망하기 위해서가 아니지요. 남 탓을 하기 위한 변명도 아닙니다.

진짜 원인을 아는 것은 지금을 더욱 나답고 편하게 살기 위한 대책을 마련하려는 한 가지 수단입니다.

과거는 바꿀 수 없지만 원인만 알면 현재도, 미래도 바꿀 수 있어요.

어떤 일이 잘 풀리지 않는 건

당신 때문일까?

핫케이크를 몽실몽실하게 굽지 못하는 건

불의 세기 때문일까?

아니면 반죽을 잘못 섞어서?

재료가 부족해서?

실력이 없어서?

'원인'을 모르면 아무리 애를 써도

좀처럼 결과가 안 나오는 법이랍니다.

아무리 노력해도
상대가 변하지
않는다면

'남은 바꿀 수 없다. 바꿀 수 있는 건 오직 나 자신뿐이다'라고 하지만, 꼭 당신만 변해야 한다는 법은 없다. 상대방이 정말 나 자신을 바꿔서까지 소중히 하고 싶은 사람인지 생각해 보는 게 좋다.

상대방은 당신을 위해 자신을 바꿀 수 있을지 생각해 본다. 어느 한 쪽만 노력하는 관계는 꾸준히 이어질 수 없다.

사람은 몇 살이 되어도 계속 변화할 수 있는 생물입니다.

뭔가를 바꾸고 싶다거나 변하고 싶다고 생각하며 행동으로 옮기는 사람은 변화할 수 있어요.

다만 변하고 싶다고 본인이 바라지 않으면 결코 변할 수 없습니다.

변하고 싶어서 노력하는 사람마저도 '좀처럼 변할 수가 없다'라면서 고민에 빠질 정도이니, 본인이 변하고자 마음을 먹지 않는다면 변할 수 있을 리가 없는 것이지요.

이게 '남은 바꿀 수 없다. 바꿀 수 있는 건 오직 나 자신뿐이다'라는 말의 진짜 의미입니다.

그렇다고 해서 꼭 당신만이 변해야 한다는 법은 없답니다.

변할 수 있는 건 오직 나뿐이지만, 그 사람을 위해 변할지 변하지 말지 선택하는 건 당신의 자유입니다.

무조건 당신만 노력하는 관계는 오래가지 않아요. 언젠가 한계가 오기 마련이지요.

사실 어느 한쪽만이 지속적으로 노력하는 관계에 고민하고 괴로워하는 사람이 참 많습니다.

몇 년이고 몇십 년이고, 스스로를 바꾸려는 노력을 이어가는 사람도 있어요. 그래도 상대방은 변하지 않는 경우가 대부분이지요.

누군가에게 고민을 털어놓았을 때 '당신이 변하면 상대방도 변한다'라는 말을 들은 적이 있을지 모릅니다.

이런 식의 말을 들으면 '상대방이 변하지 않는 건 내 노력이 부족해서다'라고 자신을 몰아붙이게 될 수 있습니다.

하지만 그렇지 않습니다.

상대방이 변하지 않는 건 당신 때문이 아니에요. 상대방이 변하지 않는 건 상대방의 문제입니다. 성인 사이의 관계에 있어서 당신이 거기까지 책임을 질 필요는 없습니다.

그 사람은 당신이 자신을 바꿔서까지 같이 있고 싶은 인물인가요?

그 사람이 변하지 않는다고 하더라도 당신은 함께 있고 싶나요?

그 사람을 위해 내가 소중히 여기는 걸 포기하거나 오직 자신만 참고 버텨낼 수 있나요?

그저 나 자신만 애쓰고 있다고 괴로워한다면 **'그렇게까지 해서 스스로를 바꿔야 하는 상대인지'**부터 생각해 보는 게 좋을 거예요.

당신이 가장 먼저
용서해야 할 사람

―――――――――――

타인으로부터 '과거는 잊고 앞으로 나아가야 한다'라는 말을 듣고 고민하며 괴로워할 때가 있다. 누군가를 용서하지 못하는 나는 냉정하고 잔인한 사람이 아닐까 하고 느낄 수도 있다.

하지만 타인은 당신이 본 것, 느낀 것, 견딘 것을 전혀 모른다. 그렇기에 당신이 우선 용서해야 할 것은 '누군가를 용서할 수 없다'라고 생각하는 나 자신이면 된다.

―――――――――――

다른 이로부터 '과거는 잊는 편이 좋다'라는 말을 듣고 크게 상처를 받은 사람들을 참 많이 봐왔습니다.

과거를 잊지 못하는 자신을 탓하는 것 같아서 참 괴롭지요.

자꾸만 떠오르는 과거의 괴로움과 고민을 잊을 수만 있다면 얼마나 편할까 생각하는 건 다른 누구도 아닌 본인이니까요.

누군가를 위해 잊거나, 용서하지 않아도 돼요. 잊고 용서하는 건 오직 나를 위해서만이어야 합니다.

'그런 사람 때문에 화낼 시간도 아까워' '더는 얽매이고 싶지 않아'라고 느꼈을 때, 자신을 위해 용서하면 됩니다.

그렇지만 꼭 용서해야만 하는 걸까요?

저는 억지로 용서하지 않아도 된다고 봅니다. 용서하고 싶다는 생각이 들었을 때, 그런 용서의 마음이 든 자신의 타이밍에 맞춰 상대방을 용서하는 게 제일 좋아요.

누군가를 꼭 용서하지 않아도 되는 건 다음의 세 가지 이유 때문입니다.

첫 번째, 내 마음에 거짓말을 하면 점점 괴로워질 뿐입니다.

사실은 도저히 용서할 수 없는 일이 있었는데도 상대방을 위해 용서해 버리면, 언젠가 다시 '도저히 용서할 수 없었던 그 당시의 감정'이 넘치게 됩니다. 나 자신이 진정으로 이해하고 받아들이지 못한 사건은 몇 번이고 반복적으로 떠오르기 쉽습니다.

그러므로 스스로가 받아들일 수 있을 때, 자신만의 타이밍에 맞춰, 나만을 위해 용서해야 해요.

용서하고 싶지 않다고 느낀다면 굳이 용서하지 않아도 됩니다. 나 자신의 마음을 소중히 합시다.

두 번째, 용서할 수 없는 게 아니라 '용서하고 싶지 않다'는 마음일 가능성이 있습니다.

그 사람에게 당한 일, 들은 말, 싫었던 점, 슬프고 분했던 일……, 그 사람이 한 행동을 용서하면 그 사람이 내게 한 일을 인정하는 것 같아 무서워진 것일지도 몰라요.

잃어버린 것을 아예 포기하는 것 같은 두려움을 느낄 수도 있겠지요.

이렇게 느끼는 당신은 이미 충분히 그 사람은 용서하고 살았던 것과 마찬가지입니다. 내 마음을 희생양으로 삼아서까지 상대방을 용서한 당신이 뭘 또 더 용서해야 하나요.

여전히 용서가 안 된다면 굳이 용서할 필요는 없습니다.

지금껏 최선을 다한 당신이 이 이상 '애써 용서할' 필요는 없으니까요.

세 번째, **당신의 몸과 마음을 망가트리지 않기 위함입니다.**

용서를 할 수가 없다고 고민하는 사람들 대부분은 이미 많이 참으며 살아온 상태입니다.

내 마음에 뚜껑을 닫아두고 분위기를 파악하면서 상대에 맞추며 사는 사이, 당신의 몸과 마음은 한계에 다다른 게 아닐까요?

아슬아슬한 곳까지 노력하고, 마음이 너덜너덜해질 때까지 버티고, 몇 번이나 믿다가도 배신당하고……. 그런 마음씨 고운 당신이 누군가를 용서할 수 없다고 생각할 정도로, 지금까지 많이 참아온 건 아닐까요.

이제까지 버티고 참아온 당신이 이제야 용서할 수 없다고 느끼게 됐다면 이미 한 걸음 나아간 것과 같습니다.
용서할 수 없다고 생각하는 것 자체가 괴롭다면 '몸과 마음을 망가트리지 않기 위해 지금은 아직 용서할 수 없다' '언젠가 용서하겠지만, 아직은 때가 아니다'라고 생각하세요. 이것만으로도 조금은 죄책감을 덜 수 있답니다.

용서할지 말지는 물론이고, 용서할 타이밍도 당신이 정하면 됩니다.
그 타이밍이 지금 당장인 사람도 있을 거고, 몇 년 후인 사람도 있습니다.

용서하려는 타이밍이 아예 오지 않을 수도 있겠지만, 그것도 괜찮답니다. 당신에게 있어 그 정도로 큰 사건이었다는 뜻이니까요.

　우선 그 사람을 용서할 수 없다고 생각하는 나 자신부터 용
서하세요. '용서해라' '용서해야 한다'라는 세간의 압박에 휩
쓸리지 않도록 하세요.

온순하던 당신이
벌컥 화를 낼 때

평소에 온순한 사람이 갑자기 화를 벌컥 낼 때가 있다.

이제까지 웃으며 버텼지만, 더는 참을 수 없게 되어 공포와 불안으로부터 자신을 지키기 위해 반사적으로 공격성을 보일 때가 있다.

거기에 상대방에게 상처를 줄 의도는 전혀 없다.

주변에서 보자면 당신의 화는 갑작스러운 일이지만, 본인에게 있어서는 참을성의 한계가 온 것이다. 그때까지 버텼기 때문이다.

"갑자기 화를 내게 돼요."

"화산이 분출하는 것처럼 분노를 표출해요."

이런 고민을 '어떻게든 해결하고 싶어서' 상담을 하러 찾아오는 사람도 늘어나고 있습니다.

발생한 사건만 놓고 보자면 당신이 갑자기 화를 벌컥 낸 것처럼 보이겠지만, 사실은 그렇지 않습니다.

줄곧 노력하고 애써 참고, 끝까지 참아내다가 그 결과 결국화가 났다는 것이니까요. 다혈질이 아니라 상당히 인내력이강한 사람이라고 할 수 있습니다. 참을성의 한계까지 버티고버텼으니까요.

늘 화를 내는 사람과 평소에는 온순하다가 화를 내는 사람사이에는 분노의 의미가 전혀 다릅니다.

당신은 화를 낸 다음에 개운한가요?

'아, 화내길 잘했다!' '분노 표출 최고!'라고 만족하나요?

이 책을 읽는 대부분은 화를 낸 후에 후회할 때가 더 많으리라 생각합니다.

일시적으로 개운하더라도 나중에 서서히 후회감과 죄책감이 몰려오지는 않나요?

그런 당신이 갑자기 화를 냈다면 그건 지금까지 당신이 상당히 참아왔다는 하나의 증거입니다. 불만이나 짜증, 슬픔을 주변에 보이지 않고 열심히 노력했다는 뜻이지요. 그만큼 주변 사람을 배려했다는 것입니다.

그래서 '화내지 말아야겠다'라고 노력하는 게 아니라 평소에 온화한 당신을 화나게 하는 사람으로부터 거리를 두도록 주의를 기울이세요.

그 사람으로부터 멀어져 참는 횟수가 줄어드는 것만으로도 당신은 화를 내지 않고 조용히 넘어갈 수 있으니까요.

'화내고 싶지 않다'라고 생각하는 당신이 화를 내게 되는 환경이나 상대로부터는 얼마든지 거리를 둬도 된답니다.

사정이 있어서 멀어질 수 없다면, 가능한 접할 기회라도 줄이는 것이 효과적입니다.

인내심이 많고 노력가인 사람일수록 버티기 위한 노력을 잘합니다.

그러나 거리를 두기 위해 노력하는 것도 필요합니다. 이건 당신의 몸과 마음을 지키기 위한 하나의 선택이니까요.

'갑자기 화가 났다'가 아니라

'결국 화가 났다'가 아닌가요?

더는 참을 수 없을 정도로

당신이 잘 참아왔던 거예요.

말하고 싶었지만
차마 하지 못한 말

'왜 빨리 말하지 않았어?'라고 핀잔을 들을 때가 있다.

과거에 자신의 괴롭고 힘든 마음을 드러냈을 때 '뭘 그 정도 가지고'라거나 '너보다 내가 더 힘들어'라는 반응을 겪은 적이 있으면, 차라리 말하지 않는 게 덜 상처받는다고 배우게 된다. 누군가에게 의지하기보다는 혼자서 버티는 쪽을 선택하는 것이다.

사실은 말하지 않았던 게 아니라 말하고 싶어도 차마 말할 수 없었던 환경이었을 뿐이다.

"그런 건 빨리 말해야지."

"왜 빨리 말하지 않았어!"

"나한테 한마디 상의라도 하지."

"왜 일이 이 지경이 될 때까지 참았니?"

용기를 내서 누군가에게 '쉬고 싶다' '괴롭다' '더는 못 하겠다'라고 속마음을 털어놓았을 때, 간혹 이런 말을 듣게 되기도 합니다.

나 자신을 부정당하는 느낌이 들어 괴롭고 슬프기도 하지만, 이해해 주지 않는다는 것에 억울함과 짜증을 느낄 때도 있을 거예요.

'곧바로 말하지 못한 내 잘못이 아닐까?' '자기 관리를 못한 내가 나쁜 거야'라고 자신을 탓하는 사람도 결코 적지 않습니다.

그렇지만 말하지 않은 당신이 잘못한 게 아니에요.

한계가 찾아온 건 당신이 자기 관리를 못했기 때문도 아닙니다.

주변에서 이런 말을 듣는 건 아슬아슬한 한계까지 버티면서 혼자 참아왔던 사람들입니다.

본인이 밝힐 때까지 주변은 알아차리지 못할 정도로 책임감을 가지고 모든 일을 해낸 사람들이지요. 한계가 올 때까지 주변에 말하지 않고 혼자 애를 쓴 사람들이기도 합니다.

말하면 비난을 듣거나 말해봤자 어차피 바뀌지 않는다, 말하면 폐만 끼치게 된다 등, 내 마음을 솔직히 드러내면 후회하는 게 뻔하다는 식의 '말하고 싶어도 차마 말할 수 없다'는 심리상태에 빠지는 거예요.

사실은 말하지 않은 게 아니라 말할 환경이 아니었던 건 아니었나요?

만약 그렇다면 고민을 말할 수 없었던 나 자신을 책망할 필요는 없습니다.

'말하고 싶지만 말할 수 있는 환경이 아니었다. 여기까지 버티는 선택지밖에 없었다. 그런 환경에서도 참 애썼구나'라고 스스로를 칭찬해도 좋아요.

'모두와 친하게 지내자'라고 교육받으면

거북하거나 싫다는 마음마저 나쁜 것으로

여기기 쉬워요.

'인내야말로 훌륭한 것이다'라고 교육받으면

하기 싫다거나 안 하겠다는 말이

괜한 고집처럼 느껴질 때도 있지요.

하지만 사실은 감정에 좋고 나쁜 건 없어요.

'이런 건 하면 안 된다'라며

자신을 힘들게 하지 말아요.

그렇게 생각해도 괜찮으니까요.

인간관계 안에서
편하게 살기 위한
세 가지 요령

〈인간관계 안에서 편하게 살기 위한 세 가지 요령〉

1. 자신을 소홀히 대하는 사람으로부터 거리를 둔다.

2. 나를 소중히 해주는 사람을 소중히 한다.

3. 싫어하는 사람의 마음에 들려 노력하지 않는다.

이 요령을 방해하는 것이 바로, 스스로가 무가치하다는 관념이다. 진심으로 자신이 가치 없는 사람이라고 생각하면, 무의식적으로 이와 정반대되는 행동을 하게 된다.

인간관계 고민에 반드시 등장하는 주제가 '싫어하는 사람' '대하기 거북한 사람'에 대한 것입니다.

누군가를 싫어하는 걸 그만두고 싶다거나 누군가를 거북하게 여기는 나 자신을 바꾸고 싶다고 하는 사람이 많지만, **싫어하거나 거북한 사람이 있는 것도 사실은 아주 자연스러운 일이랍니다.**

굳이 그만두지 않아도 되고, 바꾸지 않아도 괜찮습니다. 저는 이제까지 싫어하거나 거북하게 느껴지는 사람이 없다고 하는 사람을 본 적이 없어요.

단, **싫어하는 사람의 마음에 들려고 애를 쓰는 행동은 하지 않아야 편하게 살 수 있습니다.**
마찬가지로 싫어하는 사람에게 미움받지 않도록 노력하는 것도 그만두는 게 더 마음이 편하지요.

싫어하는 사람을 신경 쓰지 않는 것만으로도 스트레스가 크게 줄어드니까요.

좋아하는 사람을 위해 노력하는 것과 싫어하는 사람을 위해 애쓰는 것에는 스트레스 수준부터 서로 차이가 납니다.

다음과 같은 상황을 상상해 보세요.

당신은 지금 초등학생입니다. 오늘은 8월 30일. 여름방학은 이제 딱 하루만 남은 상황인데, 방학 숙제로 해야 하는 독후감은 손도 대지 못한 상황이에요. 아직 책도 읽지 않았지요.

부모님은 숙제가 아직 안 끝난 걸 모릅니다. 들키면 큰일이에요. 개학을 하는 9월 1일까지 숙제를 끝내지 않으면 다른 아이들 앞에서 선생님께 꾸지람을 들을 겁니다.

'어쩌지, 이틀 안에 독후감을 써내야 해!'라며 절박해진 당신에게 갑자기 '너무나도 좋아하는 사람'으로부터 전화가 걸려 왔습니다. 목소리를 듣기만 해도 기분이 좋아지는, 그런 동경하던 사람의 전화였던 거예요.

(동경하는 사람은 연예인, 첫사랑, 제일 좋아하는 만화 캐릭터 등 뭐든 괜찮습니다. 제일 좋아하기만 하면 되니까 실재하지 않는 인물이어도 좋아요.)

그 좋아하는 사람이 "나 슬픈 일이 있어서 그런데, 1시간 정도 내 얘기 좀 들어줄래?"라고 말해요.

당신은 숙제도 그만두고 기꺼이 이야기를 들어주었습니다. 당신이 이야기를 잘 들어준 덕분에 그 사람도 마음이 가벼워졌지요.

자, 그럼 그때 당신의 기분은 어떤가요?

바쁘다고는 하지만 좋아하는 사람을 돕고, 그가 기운을 얻는 모습을 보면 도와주길 잘했다고 느낄 거예요.

당신도 만족스러울 거고 전화를 하기 전보다 오히려 숙제할 의욕이 상승할지도 모릅니다.

그럼 만약 그 상대가 '제일 싫고 대하기 거북한 사람'이었다면 어떨까요? 바쁜 와중에 싫어하는 사람에게 전화가 와서 거절도 못 하고 시간만 빼앗긴다면 과연 당신은 어떤 기분이 들까요?

'아, 이게 뭐야. 그 사람 때문에 독후감은 쓰지도 못했어'라며 오히려 짜증만 샘솟겠지요.

두 경우 모두 자신에게 시간적 여유가 없는 상황에서 내 시간을 들여 남을 도왔다는 사실은 동일하지만, 누구를 도왔는가에 따라 결과는 완전히 달라집니다.

좋아하는 사람을 돕는 것과 싫어하는 사람을 돕는 것에는 스트레스의 크기가 아예 다르기 때문입니다.

싫어하는 사람에게도 미운털이 박히고 싶지 않다는 사람이 많지만, 사실은 싫어하는 사람에게는 호감을 사지 않는 편이 편한 거랍니다.

당신은 싫어하는 사람의 호감을 사고 싶나요? 아니면 그저 미움받고 싶지 않은 것뿐인가요?

그 사람의 호감을 얻길 바라는 게 아니라면 그렇게까지 마음을 쓰지 않아도 될 거예요.

잘 생각해 보면 싫어하는 사람한테 미움받는 것보다 호감을 얻는 상황이 당신에게 더 힘든 일일 테니까요.

싫어하는 사람의

호감을 얻지 못해도 괜찮아요!

싫어하는 사람에게 미움을 받는 것보다

싫어하는 사람에게 호감을 사는 편이

사실은 더 어려운 일이랍니다.

4장

있는 그대로의 당신

스스로에게
가장 엄격한
사람

자기긍정감이 낮다며 자신을 탓하는 사람이 많다. 자기긍정감이란 '어떠한 나라도 괜찮다'고 스스로를 인정하는 감각이다.

어릴 때부터 '그래서는 안 된다'라며 부정당하거나 '이렇게 해' '이러는 편이 더 좋아'라고 지시를 받으며 살았다면 '어떠한 나 자신이라도 괜찮다'라는 생각이 들지 않는 것도 당연하다. 결코 나의 성격 때문이 아니다.

갑작스럽지만 문제를 하나 내겠습니다.

다음 다섯 가지 중, 자기긍정감을 높이기 위해 제일 중요한 것이 무엇이라고 생각하나요?

① 있는 그대로의 나 자신도 괜찮다고 여기기

② 자신감 붙이기

③ 나의 능력을 갈고닦기

④ 새로운 일에 도전하기

⑤ 나 자신을 좋아하기

①~⑤는 모두 살아가기 위해 중요한 것이지만, 자기긍정감을 높이는 데 절대로 빼놓을 수 없는 건 '① 있는 그대로의 나 자신도 괜찮다고 여기기'입니다.

'자기긍정감 높이기'는 능력을 갈고닦거나 자신감 붙이기가 아닙니다. 한심한 나 자신을 바꾸고 할 수 있는 일을 늘리는 것도 아니에요.

자기긍정감은 '어떠한 나라도 괜찮다'라는 감각입니다.

자신감이 부족한 나를 완전히 부정하거나 그 부정에서 벗
어나기 위해 억지로 자신감을 기르려는 게 아니라, 자신감이
부족한 나를 받아들이고 '지금은 자신감이 없을 정도로 풀이
죽은 거구나'라고 생각하는 상태라고 할 수 있답니다.

그렇게 말하면 "부족한 게 많은 나를 괜찮다고 어떻게 받
아들이겠어요?" "어떤 나 자신이라도 괜찮다니 말도 안 돼
요"라고 반응하는 사람도 있습니다.

그래도 괜찮아요.

자기긍정감을 높이기 위해 제일 좋지 않은 건 '자신을 책망
하는 것'이니까요.

그렇게 여길 수 없는 나 자신을 탓할 바에야, 있는 그대로
의 나 자신을 받아들이는 자기긍정감 따위 아예 생각하지 않
아도 좋습니다.

무언가를 잘 해내지 못하는 나를 받아들이지 못하겠다고 고민할 바에야 차라리 '잘 해내지 못하는 나를 굳이 받아들이지 않아도 된다'라고 깔끔하게 끝내버리세요.

못하는 나를 받아들일 수 없다면 '잘하는 나'를 목표로 해도 좋으니까요.

'넌 왜 못하는 거야? 다들 잘만 하는데'라며 당신을 탓하는 사람과 같이 있고 싶나요? '이대로는 안 돼. 넌 변해야 해'라고 당신을 부정만 하는 사람을 좋아할 수 있나요?

그렇게 생각할 수 없다고 자신을 탓하는 건 당신을 책망하고 부정만 하는 사람이 곁에 바짝 붙어 있는 것과 같은 수준의 스트레스를 줍니다. 하지만 나 자신과는 거리를 둘 수가 없으니까 1년 365일 24시간 스트레스를 계속 받을 수밖에 없게 되는 거지요.

자기긍정감을 높이고 싶다며 상담하러 오는 사람이 매년 늘고 있는 추세입니다.

우선 자기긍정감이 낮은 자신을 부정하지 않는 것부터 시작하세요. 자기긍정감을 높이고 싶다는 마음은 좋지만, '지금의 나'를 부정하지 않는 게 더 중요합니다.

무엇보다 자신을 부정하는 것을 그만두는 일이야말로 '자기긍정감을 높이는' 최고의 지름길이랍니다.

나는 나 자신에게

가장 엄격한 사람이지 않을까?

"다들 잘하는데 너는 왜 그래?"

이런 식의 말을 들으면

누구나 슬퍼질 겁니다.

내가 나에게 하는 말로

나를 슬프게 하고 있지는 않은지

되돌아보세요.

너무 예민하게 군다는
말

신경 쓰이는 일이 있어서 고민하는 건데, 너무 성실하게 군다거나 지나치게 예민하다는 타박을 받아 더욱 풀이 죽는 사람이 많다. 그러나 결코 '너무 예민하게 군다'는 것은 존재하지 않는다.

신경을 쓰고 싶어서 자꾸만 생각하는 게 아니라 아무래도 걱정이 되기 때문에, 생각하고 싶지 않아도 자꾸 머릿속에 떠오르는 것이다.

열심히 고민하고 있는데 너무 예민하게 군다는 말을 들을 때가 있습니다.

그 때문에 '그렇게까지 신경 쓰는 내가 이상한 걸까?' 하고 풀이 죽는 사람들이 많지요.

답이 나오지 않아서 고민하는데, 너무 깊게 생각한다는 말을 들을 때도 있어요.

당신은 굳이 신경 쓰지 않아도 되는 걸 일일이 신경 쓰고, 생각할 필요가 없는 걸 일부러 생각하는 건가요?

게다가 그걸 스스로 원해서 하나요?

당연히 아니겠지요.

신경 쓰고 싶지 않은데 신경이 쓰이거나, 생각하고 싶지 않은데 생각이 나니까 이렇게 고민하는 게 아닌가요?

굳이 마음을 쓰지 않아도 된다면 당연히 그러기 싫을 거고, 생각하지 않아도 된다면 생각하고 싶지 않은 것 아닌가요?

그렇다면 '지나치게 예민하다' '너무 깊게 생각한다'가 아니라 '내가 신경 쓰이는 게 있기 때문'이라거나 '자꾸 생각하게 되는 일이 벌어지고 있어서'라고 받아들여도 됩니다. 이렇게나 애써 고민을 하는 중이니, 하다못해 나 자신만이라도 스스로를 탓하지 말아요.

희로애락이라는 감정이 색연필이라고 상상해 보세요.

세상 대부분의 사람들이 '열 가지 색 색연필'을 가지고 있다면, 당신은 '백 가지 색 색연필'을 가지고 있는 걸지도 모릅니다.

파란색에도 여러 가지가 있습니다.

세상 사람들 대다수가 '그냥 파란색'만 인식한다면, 당신은 투명한 파란색, 부드러운 파란색, 눈이 번쩍 뜨일 듯 선명한 파란색 등 여러 색을 세심하게 인식할 수 있는 것일지도 모르지요.

가지고 있는 감정의 종류가 다르면 느끼는 것도, 표현하는 것도 다 다릅니다. 즉, **당신과 주변 사람들 사이에서는 어떤**

사건이 일어났을 때 각자가 느끼는 정보량이 완전히 다르다는 뜻이지요.

누군가가 컵을 쓰러트린 장면을 상상해 보세요.

받아들이는 정보량이 적은 경우 '아, 컵이 쓰러졌구나'라고만 생각하겠지요. 이때는 사실만이 정보로 들어가게 됩니다.

한편, 느끼는 정보량이 많으면 물을 닦아야겠다며 바로 행동하거나 '도와줘야겠지?' 혹은 '나도 조심해야겠다'라고 자기 일처럼 받아들이기도 하고, '그러고 보니 전에도 이런 일이 있었지'라며 과거를 떠올릴 수도 있습니다.

어쩌면 컵이 쓰러지기도 전에 '저 장소에 두면 컵을 쓰러트릴지도 모르겠다'라며 자꾸만 신경을 쓰는 사람이 있을지도 몰라요.

여기서 중요한 건 당신이 너무 예민한 것이 아니라 당신에게 '신경 쓰이는 일'이 현실에 일어나고 있다는 점입니다.

모두가 한 가지의 문제점만 신경 쓸 때도 당신은 다섯 가지의 문제점을 알아차리고 다섯 가지의 해결법까지 고민할 거예요. "그러니까 당연히 피곤하겠지!' 하는 생각이 들지 않겠어요?

너무 생각이 많아 지치는 건 당신의 약점이 아닙니다.

그렇기에 '왜 이렇게 힘든 걸까' 하고 자신을 탓하지 말고 '지치는 건 당연해'라고 자신을 격려해 주세요.

자신을 책망하는 일이 줄어들기만 해도 지금보다 마음이 덜 지치게 될 거랍니다.

억지 긍정은
이제 그만

'스스로 자신의 기분을 맞추자'라는 긍정적인 말을 보고, '나는 역시 그런 사람이 못 되나 봐'라며 풀이 죽을 때가 있다. 그럴 때는 내가 지금 그 정도로 지쳐 있는 상태라고 보는 게 좋다.

"이 방법으로 기운을 차렸습니다!"라는 사람을 보며 '왜 나는 그러지 못할까?' 하고 괴로워하거나 "1년 만에 개선했습니다!"라는 사람을 보고 '난 아직도 멀었어' 하고 슬퍼질 때가 있다. 그건 각자가 가진 상처의 깊이가 다르다고 봐야 한다.

'좀 더 인생을 긍정적으로 살아야지!'라며 힘을 내보려는 사람이 늘고 있는데, 평생을 긍정적이고 밝게 살아가는 건 아주 어려운 일입니다.

우리가 뜨거움과 차가움 모두를 느끼는 것처럼, 어느 한쪽만 느끼며 살 수는 없습니다. 어느 한쪽을 감지하지 않으려 한다면, 또 다른 한쪽도 감지하기 어려워져요.

긍정적으로 살기 위해서 부정적인 감정을 억지로 억누르면, 결과적으로 긍정적인 감정까지도 느끼기 어려워지게 됩니다. 매일의 즐거움이 줄어들고, 결과적으로 살기 더욱 어려워지는 것이지요.

'싫다'라는 느낌이 생겼다고 칩시다.

'싫다는 생각은 좋지 않아. 그래, 긍정적으로 받아들이자!'라는 건 얼핏 보면 긍정적인 듯하지만, 사실 내 마음을 부정하는 것과 마찬가지입니다. 싫다고 여기는 나 자신을 부정하고, 다른 사고방식을 가지도록 가르치는 것과 같지요.

이처럼 무의식적인 자기 부정이 쌓여서, 긍정적이기는커녕 점점 더 부정적인 감정이 부풀어 살기 힘들다고 고통을 호소하는 사람들이 늘어나고 있습니다.

자신의 의견을 부정당하면 긍정적인 마음을 가질 수 있을까요? 그보다도 자신의 의견을 인정받는 편이 더 긍정적인 기분을 얻을 수 있지 않나요?

'싫다'라는 부정적인 마음이 나왔을 때는 그걸 있는 그대로 받아들이세요.

애써 긍정적으로 생각하기보다는 '왜 싫을까?' '아, 그런 이유로 싫은 거구나.' '그럼 싫을 수밖에'라고 자문자답을 반복해서 내 의견을 받아들이는 편이 부정적 감정을 사라지게 하기 쉽습니다.

내 의견을 인정함으로써 부정적인 감정은 긍정적인 것으로 변화하게 됩니다.

긍정적으로 굴 필요가 없다거나 긍정적인 것이 불필요하다는 뜻이 아닙니다. 긍정적으로 살기 위해 부정적인 마음을 너무 억누르지 않는 편이 좋다는 말입니다.

물론 긍정적인 말을 듣는 걸 그리 좋아하지 않는 사람도 있습니다. 그건 그것대로 괜찮습니다.

'이런 긍정적인 말은 거북하다'라는 자신의 생각을 알아두면, 굳이 그런 걸 보지 않아도 되니까요. 보기 싫은 긍정적인 말을 보고 풀 죽기보다 아예 보지 않는 편이 더 현명한 행동입니다.

아무리 좋은 것이라도 그게 맞고 안 맞고는 사람마다 다 달라요.

풀이 죽었을 때, 혹은 피곤할 때는 '하지 않아도 되는 일'이 있고, 사람에 따라 '하지 않아야 좋은 일'도 있습니다.

긍정적인 말을 보고 억지로 기운을 차리려고 하는 건 감기로 열이 나서 못 움직이는 상태인데도 '이래서는 안 돼. 체력을 길러야 해'라며 헬스장에 가서 운동하는 것과 같습니다. 힘들고 괴롭게 고생하는 것치고는 얻는 게 거의 없지요.

SNS를 통해 일방적으로 정보가 흘러들어 오는 시대이므로 보고 싶다거나 보기 싫다는 자기 마음에 솔직하게 맞춰 정보를 선택해 받아들여 주세요.

당신의 마음이
지쳤다는 신호

아침에 일어날 때부터 힘들다는 사람이 있다. 뭘 한 것도 아닌데 이미 피로에 지쳐 있고, 정신을 차리고 보면 어느새 저녁이어서 더욱 기분이 울적해질 때도 있다.

이건 몸보다도 마음이 지쳐 있는 상태이다. 더 이상 무리하지 않도록 뇌가 몸에 제동을 걸려고 하는 것이다. 의욕과 마음의 문제가 아니라 움직이고 싶어도 그럴 수 없는 상태다.

'다른 사람들이 다 해내는 일을 나는 못 하겠어.'

'긍정적으로 행동할 수가 없어.'

'이렇게 약한 나 자신을 바꾸고 싶어.'

이런 식으로 느낄 때는 없나요?

만약에 당신이 아침에 일어날 때부터 괴롭다고 느낀다면, 그건 당신이 지금까지 아주 열심히 살았기 때문입니다.

괴롭고 힘들 정도로 뭔가에 노력했거나 무엇을 꾸준히 생각해 왔다는 뜻이지요.

지금 당신이 느끼고 있는 건 이제까지의 일이 축적되어 생긴 피로입니다.

잠을 자도 피로가 풀리지 않을 정도로 몸도 마음도 지쳐 있다는 겁니다.

스트레스나 불안감 때문에 잠을 푹 잘 수 없거나, 몸은 잠들어 있지만 머릿속은 계속 생각으로 돌아가고 있는 사람도 있어요.

　아침부터 힘들어하다니 어리광이 아닐까, 약한 소리를 하는 게 아닐까 고민하는 사람이 많아요. 하지만 당신은 어리광을 부려서 괴로운 게 아닙니다. 게을러서 그렇게 느끼는 것도 아니지요.
　물론 의욕의 문제도 아닙니다.

　아침부터 힘들다고 느낄 정도로 열심히 노력하며 살았으니 너무 그렇게 나 자신을 다그치지 마세요.
　여기까지 최선을 다했으니까요.

　이건 약하기는커녕 오히려 강한 것입니다.
　이렇게 고통스러울 때까지 당신은 그걸 버틸 만한 강한 힘이 있었다는 뜻이에요.

　하지만 노력에도 한계가 있습니다. 힘을 내기 위해서도 휴식이 필요해요.

아침부터 힘들다는 생각이 들 때는 그런 자신을 꾸짖지 말고 '아, 내가 많이 피곤한 모양이구나' '어떻게 하면 쉴 수 있을까?'라고 생각해 보세요.

아침에 일어날 때부터 괴로운 건

당신이 지쳤다는 신호

당신은 노력가이기 때문에,

다시 힘을 내기 위해서라도

쉴 필요가 있답니다.

화내지 못하고
돌아서서 후회하는
마음

'그때 대꾸해서 받아쳐야 했는데.'

'그 사람은 정말 너무해.'

이런 식으로 문제 되는 상황이 지나고 나중에야 화가 나는 사람이 있다. 그 자리에서 따지지 못한 자신을 책망하는 사람이 많지만, 사실 분노를 표출하려면 '분노를 쏟아내도 안전한 환경'이라는 전제조건이 필수적이다.

당시에는 화를 낼 만한 상황이 아니었기 때문에 화를 내지 못한 것일지도 모른다.

그 자리에서 바로 화를 낼 수 있는 사람도 있지만, 시간이 지난 후에야 분노가 되살아나는 사람도 있습니다.

전자는 나중에 '화낸 것'을 후회하기 쉽고, 후자는 '화내지 못했다는 것'을 후회하기 쉽지요.

여기서 주목해야 할 것은 화내지 못했던 것으로 후회하는 당신입니다.

다시 한번 돌아보세요.

'만약 그때 화를 내며 받아쳤다면 어떻게 됐을까?' 하고요.

☐ 상대방이 화를 내거나 당신에게 나쁜 말을 쏟아낼 위험이 있다.

☐ 상대방이 자기가 옳다고 마구 주장하는 성격이다.

☐ 반격하면 나에게 불리해질 가능성 있다.

☐ 어린 시절, 부모에게 반박했다가 '이럴 줄 알았다면 차라리 말하지 말걸……' 하고 후회한 경험이 있다.

이 중 한 가지라도 '네'라고 답하는 것이 있다면, 그때 화내지 못한 것도 당연하며 반론을 못 할 수밖에 없다고 생각하세요.

분노를 그 자리에서 바로 터트릴 때, 몸의 안전이나 충분한 체력, 마음 상태, 화를 내도 괜찮은 환경인지 과거의 영향으로 분노를 표출하는 데 저항은 없는지 등 몇 가지 조건이 필요합니다.

'만약 그때 제대로 따졌더라면……' 하고 상상했을 때, 그냥 입을 다물고 있는 편이 차라리 나았을지도 모른다는 생각이 들 때도 있을 겁니다.

그렇다면, 반박하지 않길 잘한 거랍니다.

왜 반박도 못 했느냐고 자신을 혼내지 말고 가만히 있는 게 정답이었다고 자신의 판단을 인정해 주세요.

화를 내지 못한 나 자신을 책망할 필요는 없습니다.

당신에게는 그 자리에서 화를 낼 수 없었던 확실한 이유가

있었으니까요.

우선 화를 내지 못한 이유에 대해 스스로 이해하고, 화내지 않길 잘했다고 받아들일 수 있을 때까지 생각해 보세요.

나중에 화가 나는 사람들 대부분은 과거에 겪은 안 좋은 기억에 계속 시달리고 있습니다.

과거에 대들지 못했던 것을 후회하고 있기에 그걸 잊지도 못하고, 안 좋은 기억이 몇 번이나 되살아나는 거지요. 그럴 때마다 머릿속에서 자꾸 싸우고 있으니 지칠 수밖에 없는 겁니다.

하지만 그때 화내지 않는 게 정답이었다고 자신의 판단을 인정할 수 있다면 후회가 납득으로 바뀝니다.

이미 납득한 기억은 떠올리는 횟수 자체가 극적으로 줄어듭니다. 혹시라도 떠올린다고 해도 후회했을 때만큼 안 좋은 감정은 생기지 않지요.

예전처럼 머릿속에서 상대방과 싸우지 않는 것만으로도 훨씬 덜 피로해진답니다.

울어도 좋다

―――――――――――

"남자가 그렇게 울면 못써."

"그런 것 가지고 울면 안 돼."

"약해빠져서는. 울지 마!"

어릴 때 이런 말을 들었다면, 어른이 되어서도 울기 힘들어진다. 하지만 눈물을 흘리는 건 나약하다는 뜻이 아니다. 강한 사람도 눈물을 흘린다.

그러니 당신도 울어도 된다. 많이 울어도 또다시 일어나 웃는 태도야말로 진정으로 강한 것이니까.

―――――――――――

슬플 때, 억울할 때 울 수 있나요?

기쁠 때, 감동할 때 울 수 있나요?

어린 시절에 울 수 있었나요?

어른이 된 지금도 울 수 있나요?

'우는 건 어린아이나 하는 짓'이라고 말하는 사람들이 있지만, 어른이 되어도 울어도 됩니다.

눈물에는 진정 효과와 마음의 디톡스 효과가 있어서, 스트레스가 많은 성인이야말로 우는 편이 좋습니다.

하지만 역시 "울면 안 돼. 우는 건 나약한 짓이니까"라고 하는 사람도 있지요.

'하고 싶은데 어째서인지 못하는 일'에는 과거의 사건이 관계됐을 때가 많습니다. 그중에서도 특히 '이렇게 해야 해'라고 느끼는 건, 대부분 부모 등 가까운 어른이 어떤 형태이든지 간에 영향을 끼치고 있기 때문입니다.

어린 시절을 떠올려 보세요.

넘어졌을 때, 화가 났을 때, 슬펐을 때 울 수 있었나요?

울고 싶었지만 참았다는 사람은 왜 참았는지 생각해 보세요. 울 수 있었다는 사람은 울었을 때 부모님이 어떻게 반응했는지 기억나나요?

예를 들어, 울기라도 하면 혼날 거라 생각해서 눈물을 참은 걸지도 모릅니다.

형제자매가 부모님으로부터 "그 정도 일 가지고 울지 마라"라는 말을 듣는 모습을 보고, 무의식적으로 우는 걸 참았을 수도 있습니다. 부모가 늘 짜증스러워해서 폐를 끼치지 않으려고 눈물을 참을 수도 있지요.

울었다고 해도 기대했던 반응을 부모로부터 얻지 못한 경우, 우는 것에 브레이크가 걸리기 쉽습니다.

"운다고 해도 아무런 해결이 되지 못해" "그렇게 눈물 흘릴

틈이 있으면 차라리 다른 걸 해"라고 꾸지람을 듣거나 "울면 다 해결되는 줄 알아?"라는 말을 들어서 억울함 마음이 들 때도 있어요.

어릴 때 울 수 있었는지 아닌지보다 '우는 것으로 이득을 얻었는가 아닌가'가 어른이 되어도 영향을 끼칩니다.

울어서 생기는 이득보다 울어서 발생하는 손해가 더 크면, 어른이 됐을 때 울 수 없다거나 울지 않는 편이 낫다고 느끼기 쉬워요.

꼭 울어야 한다는 뜻이 아닙니다.

울고 싶지 않을 때 애써 울지 않아도 됩니다. 어떻게든 울어보라는 게 아니에요.

하지만 울고 싶을 때 눈물을 참지는 마세요.

당장에 긍정적으로 굴려고 하거나 기술적으로 눈물을 참으려 하면, 보이지 않는 곳에서 스트레스가 쌓여 언젠가 몸도 마음도 망가지게 될 테니까요.

눈물을 참는다는 건 그것만으로도 큰 스트레스입니다.

어른이 된 지금은 '울어도 혼내는 사람은 없다' '눈물은 나쁜 게 아니다'라고 나 자신에게 가르쳐주세요.

울어서 얻는 이득도 많고 우는 편이 더 좋다고 자신의 눈물을 인정해 주세요. 울고 싶을 때 사양하지 않고 울 수 있게 해주세요.

부모님에게 부정당했던 일은 어른이 되어도 하기 어렵습니다. 이미 뇌에 나쁜 짓으로 입력되어 있기 때문이지요.

과거의 영향으로, 우는 게 나쁜 일이라고 생각한다면 이제는 울어도 좋다고 당신이 스스로에게 허락을 해주세요.

남의 눈이 신경 쓰인다면, 혼자 남몰래 울어도 된답니다. 그래도 괜찮아요.

눈물로 얻는 다섯 가지 이득

① 마음의 디톡스 효과

울고 난 후에는 마음이 개운해진다!

② 진정 효과

수면과 같은 효과가 있다.

③ 망간 감소

우울증을 일으킬 위험이 있는 물질인 망간을 체외로 배출한다.

④ 안면(安眠) 효과

실컷 울면 기분 좋은 피로감을 얻어 숙면을 취하기 좋다.

⑤ 고통 완화

눈물을 흘리면 고통을 완화해 주는 엔도르핀이 생성된다.

당신이
바꾸지 않아도 되는
부분

굳이 '변할 필요가 없는 사람'이 고민하고 괴로워하다가 한계가 와서 상담을 받으러 오는 경우가 증가하고 있다.

자신을 바꿔야 한다고 고민하는 시점에서 당신은 이미 열심히 노력했다는 뜻이다. 또한 금방 지치는 건 눈앞에 일을 제대로 생각한다는 뜻이다. 고민으로 괴로울 때는 '그게 진짜 나 때문일까?'라며 잠시 걸음을 멈춰봐라.

'심리 상담을 받는 사람'이라는 말을 들으면, 머릿속에 어떤 사람의 이미지가 떠오르나요?

'마음에 무슨 문제가 있는 사람일까?'
'마음이 약해서 일어설 수 없는 사람일까?'
'우중충하게 마음이 어두운 사람일까?'
'범죄를 저지를 정도로 나쁜 사람일까?'

심리 상담은 마음이 약해진 사람이나 정신에 문제가 있는 사람만 받는 게 아닙니다.

항상 웃고 발랄하거나, 주변에는 행복하게만 보이거나, 고민 따위는 있지도 않을 것 같은 사람도 많아요. 평소에는 '고민이나 푸념을 들어주는 쪽'의 사람도 많이 상담을 받으러 옵니다.

'이런 나를 바꾸고 싶다' '좀 더 편하게 살고 싶다' '괴로움을 벗어던지고 싶다' '인간관계를 잘 쌓고 싶다' 등 앞을 바라보고 있는 사람이 상담을 받으러 오는 곳이 바로 심리 상담실입니다.

이 책을 읽는 당신도 그중 하나가 아닐까요?

상담까지는 아니더라도 뭔가를 바꾸고 싶다거나 편해지고 싶다는 마음은 있을 것입니다.

대부분의 경우, 품고 있는 고민의 원인은 상담자 본인이 아니라 다른 부분에 있습니다.

자신 때문에 그렇게 된 것이 아니라, 과거의 사건이 영향을 줬거나 주변 환경이 험난했거나 혹은 어떻게 봐도 상대방의 잘못 때문이라거나, 등등 그런 게 원인이지요.

어느 시대건 간에 고민하고 괴로워하는 건 가해자가 아니라 피해자입니다.

어쩌면 당신도 변할 필요가 없는 사람(그러니까 피해를 받는 쪽)일 가능성은 없을까요?

당신에게 필요한 건 '당신의 뭔가를 바꾸는 것'이 아니라 **공격을 받을 만한 환경에서 벗어나거나, '사실 나는 잘못한 게 없다'라고 깨닫는 것**일지도 모릅니다.

자신이 나쁜 사람이라고 스스로를 내몰다가 상담을 받으러 오는 사람도 있습니다.

하지만 **그렇게 생각하는 시점에서, 나는 사실 그렇게 나쁜 사람이 아닐지도 모른다고 여겨도 좋아요.**

정말로 나쁜 사람이라면 스스로를 나쁜 사람이라고 생각하지 않아요. 그런 생각 자체가 아예 뇌리를 스치지 않습니다.

'나쁘다'는 게 무엇인지 자각하고 있다면, 당신은 나쁘기는 커녕 오히려 솔직한 사람입니다. 당신이 나쁜 사람이라는 말을 듣고 상상하게 되는 그 사람과는 다르다고 믿어도 괜찮답니다.

'나는 성격이 나쁜 게 아닐까?' 하고 성격을 바꾸려 상담을 받으러 오는 사람도 있습니다.

그러나 성격을 바꿔야 한다거나 바꾸고 싶다는 마음이 있다면, 사실은 그렇게까지 성격이 나쁘지 않다고 봐도 됩니다.

성격이 진짜 나쁜 사람은 애당초 그런 문제로 고민하지를 않을 테니까요. 고민하는 시점에서 이미 당신의 성격은 '일반적'입니다.

'나는 성격이 나쁜 게 아닐까……?'라고 여기게끔 만드는 환경이나 주위 사람, 혹은 과거에 들은 나쁜 말과 괴로운 기억에 고통받고 있을 가능성이 있습니다.

고민하고 있어도 괜찮습니다.

자신의 성격이나 생각을 비판할 것 같을 때는 일단 멈춰 서서 '그게 정말로 나 때문일까?'라고 스스로에게 물어보세요.

실은 당신 잘못이 아니었던 부분을 많이 찾아낼 수 있을 겁니다.

5장

당신은 행복해져도 된다

타인과의
거리 두기

───────────

남들과 거리를 어떻게 두면 좋을지 모르는 사람이 있다.

자유롭게 내 마음을 말하고 좋아하는 걸 고르고 줄줄이 실패해도 그걸 다 받아줄 수 있는 안도감을 배워야 할 유소년기에, 어른의 낯빛을 살피며 행동해야 했던 사람에게 많이 보이는 경향이다.

자기긍정감이 낮은 상태이기 때문에, '태어나서 죄송합니다'라고까지 생각될 때가 있다.

───────────

당신은 이런 고민이 있나요?

☐ 자신에 대해 너무 많이 이야기하는 바람에 후회했을 때가
  있다.
☐ 상대방에게 마음을 허락하는 데까지 시간이 오래 걸린다.
☐ 자신에 관한 이야기를 하지 않는다(마음의 장벽이 높다).
☐ 친해지면 거리를 두는 것에 고민한다.
☐ 친해지면 너무 잘해줘서 오히려 구속된다.
☐ 미움받지 않기 위해 신경을 지나치게 쓴다.
☐ 갑자기 일방적으로 관계를 끊는다.

위의 사항들은 남들과 거리를 어떻게 두면 좋을지 모르겠다는 사람들이 갖는 고민의 예입니다.

'친해지기까지 그 허들은 높지만, 막상 친해지고 나면 단번에 거리가 좁혀진다'라는 공통점이 있지요.

타인과의 가까워지면 안 된다는 뜻이 아닙니다. 친해지기까지 시간이 걸리는 것도 전혀 문제가 되지 않지요. 정성을 들여 관계를 구축하고 있다는 뜻이니까요.

상대방과 거리가 가까워졌을 때 '편안하다' '안심된다'라고 느낀다면 그건 적절한 거리라고 할 수 있습니다.

그럼 어떤 때에 남들과의 거리에 관해 고민할까요?

무엇을 바꿔야 타인과 적절한 거리를 두는 것에 고민하지 않을까요?

- 성격
- 사고방식
- 인간관계 기술

사실 이런 것들은 정답이 아닙니다.

제일 먼저 해야 할 일은 자신이 무엇에 불안감을 느끼는지 파악하는 것입니다.

거리가 너무 많이 가까워지는 것도, 일방적으로 관계를 끊

어버리는 것도 근본을 따져보면 모두 불안에서 발생한 일입니다.

성격이나 사고방식을 고치는 편이 좋을 거라고 노력하는 사람도 많아요. 하지만 불안을 잘 느끼게 된 이유를 시작부터 거슬러 올라가 보면, 유소년기의 부모 자식 관계에 도달하게 되는 경우가 대부분입니다.

어떠한 나 자신이라도 받아주는 환경에서 자라면 불안감이 그리 커지지 않고 성인이 될 수 있습니다.
이 경우는 아주 운이 좋은 것이지요.

한편, 부모가 기분이 언짢아서 늘 짜증스러워하는 환경에서 자라면 불안한 분위기가 극단적으로 싫어지게 됩니다. 상대방의 호감을 얻기 위해서라기보다 미움받지 않기 위해 움직이게 되지요.
부모의 푸념만 듣고 자라면, 누군가가 소곤거리며 이야기를 나눌 때 '혹시 내 험담을 하는 게 아닐까……?' 하는 불안감을 가질 수도 있습니다.

내 감정에 대해 자유롭게 털어놓지 못한 환경에서 자란 사람은 자신에 대해 잘 이야기하지 못합니다. 어색하다거나 못하겠다기보다 어린 시절부터 경험해 보지 못해서 익숙하지 않다고 보는 게 좋을지도 모르겠습니다.

당신이 타인에 대해 느끼는 '불안'에 대해 떠올려 보세요.

- 미움받을 것 같다.
- 날 받아주지 않을 것 같다.
- 좀 더 나를 이해해 주길 바란다.
- 상대방의 마음을 믿을 수가 없다.

어쩌면 이런 불안이 어린 시절 부모에 대해 느꼈던 감정이 아닐지 생각해보세요.

부모님에게 사랑받고 있다고 자신감을 가지고 말할 수 있나요?

부모님은 그 어떤 당신이라도 받아주었나요?

부모님은 당신을 이해해 준다고 생각하나요?

'부모'에 대해 느낀 불안을 해소하지 못한 채 성장하면, 어른이 되었을 때 '타인'에 대해서도 같은 불안을 품게 됩니다.

이게 바로 타인과의 거리를 어떻게 두면 좋을지 고민하게 되는 원인입니다.

거리 두기를 고민하는 건 당신에게 문제가 있어서가 아니에요.

예를 들자면, 가정은 '자동차 운전 학원' 같은 곳입니다. 사회(도로)에 나가기 전에 미리 집에서 규칙을 익히고 인간관계에 관한 의사소통을 연습할 필요가 있지요.

타인과 어느 정도의 거리를 두면 좋을지 모르는 건 어린 시절에 이를 배우지 못했기 때문입니다. 설령 배웠다고 하더라도 '부모만의 규칙'에 맞춰서 배웠다면 인간관계가 잘 굴러갈 수 없지요.

무엇을 배우지 못했고, 무엇이 불필요한 부모의 규칙인지 알기 위해서라도 아까 언급한 불안에 관한 질문을 스스로에게 해보세요.

'가정환경 때문이니 어쩔 수 없다'라는 뜻이 아닙니다.

배우지 못했다면 이제라도 스스로 익히면 되니까요.

자책하는 말에
숨겨진 진실

―――――――――

마음 어딘가에서 스스로를 '나 따위' '보나 마나 뻔해'라고 생각하면,
나를 향한 도움의 손길도 알아차리지 못하거나 도움을 깨닫는다고
해도 그 손을 뿌리치게 된다.

이제 당신도 당신만을 위해 살아도 된다.
아직 그렇게 생각하지 못해도 스스로를 탓할 필요는 없다. 이제까지
그런 환경에서 열심히 살아왔으니, 지금까지 애쓴 것이다.

―――――――――

'나 따위가 뭘……' 하고 생각한 적이 있나요?

그렇게 생각하는 이유는 뭔가요?

이런 질문을 던지면 "저한테 아무런 가치가 없어서요" "저 같은 건 없어도 아무도 슬퍼하지 않을걸요?"라는 대답이 돌아올 때가 있습니다.

그러나 대부분은 정말로 가치가 없어서 '나 따위'라고 생각하는 게 아니라 과거의 어떤 원인으로 인해 '나 따위'라고 여길 때가 많아요.

가족들 사이에서 소외감을 느끼거나 형제자매가 자신보다 더 대우받는다는 느낌을 받거나 혹은 항상 누군가와 비교되는 등, 과거의 가정환경이 '나 따위'라는 생각과 연결되는 것이지요.

넘어졌을 때 누군가가 비웃었다, 학교 급식을 다 먹지 못해서 괴로웠다, 늘 물건을 깜빡하고 다녀서 혼났다, 친구가 내

험담을 했다 등, 어린 시절의 안 좋았던 기억이 이런 생각으로 이어질 때도 있습니다.

보나 마나 뻔하다며 무언가 시도하기도 전에 아예 포기해 버린 적은 없나요?

'나 따위'라는 생각과 마찬가지로 자신의 성격이나 사고방식이 문제라고 보는 사람이 많은데, 이것 역시 과거의 영향으로 인해 '해봤자 아무 의미가 없다' '소용없다'라고 느끼는 경우가 대부분입니다.

기대했다가 실망하는 괴로움을 아는 사람은 누군가에게 기대하는 것을 그만둡니다. 그게 덜 상처받으니까요.

믿었다가 배신당하는 괴로움을 아는 사람은 누군가를 믿는 것을 그만둡니다. 믿지 않으면 괴로워하지 않아도 되니까요.

부모에게 사랑받지 못하는 게 아닐까 하는 사람은 누군가에게 사랑받고 싶은데도 사랑받는 것을 두려워합니다. 사랑받는다는 감각이 좀처럼 가슴에 와닿지 않는 겁니다. 처음 느끼는 감각에 당황하고, 불안감을 느끼는 상태라 할 수 있어요.

도움을 원할 때 도움을 받지 못하거나, 혹은 그냥 놔두길 바라는데 자꾸 간섭을 받거나, 의지하려는데 거절당하기도 하고 배신당하기도 하고……

이런 경험이 쌓이면 '보나 마나 뻔하다'라는 생각이 뇌리에 강하게 새겨지게 됩니다.

게다가 **'보나 마나 아무도 도와주지 않을 거야'라고 생각한다면, 당신을 도와주려고 하는 사람의 존재도 알아차릴 수 없습니다.**

복권을 사도 당첨될 리가 없다'라며 그냥 내던져두면 당첨이 됐는지 그 결과를 알 수 없는 것과 마찬가지입니다.

보나 마나 뻔하다며 포기하는 것은 어차피 당첨도 안 됐을 거고 실망하는 것도 싫으니까 당첨 번호를 아예 안 보겠다고 말하는 것과 같아요.

어쩐지 그런 건 아깝지 않나요?

'나 따위' '보나 마나 뻔하다'라는 불안감의 이면에는 과거의 무언가가 숨어 있을지도 모릅니다.

우선 그럴 가능성을 눈치채는 것부터 시작해 봅시다.

당신의 성격 때문에 그런 생각을 갖게 된 게 아니라 '과거의 무언가'가 영향을 주고 있다는 것을요, 그 영향이 무엇인지를 아는 것만으로도 '나 따위' '보나 마나 뻔하다'라는 마음은 서서히 옅어집니다.

괴롭고 힘든 나날이 계속 이어지면
불행이나 괴로움이 당연해집니다.

그러면 행복해지려고 할 때,
누군가가 당신을 소중히 대할 때,
괴로운 환경에서 벗어나려고 할 때,
마음에 브레이크가 걸리게 됩니다.

뇌는 변화를 싫어해요.
뇌에 있어서 좋은 변화도 나쁜 변화도
그저 모두 '변화'에 불과합니다.
그러니까 제동이 걸리는 거예요.

우선 '행복해져도 괜찮다'라고
당신 스스로가 믿고
그러라고 허락하는 것부터 시작해요.

당신을 따라다니는
과거의 말

"넌 할 수 있어"라는 칭찬에 당혹스러워한다면, 그만큼 '넌 안 돼' '아직도 멀었어'라는 식의 말을 계속 들어왔을지도 모른다.

"넌 참 대단하구나"라는 칭찬에 당혹스러워한다면, 그만큼 꾸지람을 들은 횟수가 더 많았을지도 모른다.

"진심으로 사랑해"라는 말에 당혹스러워한다면, 그만큼 지금까지 사랑받았다고 느껴보지 못해 불안했던 걸지도 모른다.

색도 형태도 연식도 완전히 똑같은 시계가 두 개 나란히 있다고 해봅시다.

한쪽은 'B급' '흠 있음' '인기가 없어서 절반 가격으로!'라는 스티커가 붙어 있고, 다른 한쪽에는 '최고급' '최고 인기' '정성을 다해 만들었습니다'라는 스티커가 붙어 있습니다.

두 시계에서 받는 인상은 어떤가요?

한쪽은 좋은 시계, 또 한쪽은 싸구려 같은 느낌이 들지 않나요?

완전히 똑같은 시계인데도 어떤 스티커가 붙어 있는지에 따라 인상이 확 달라지지요.

이것과 마찬가지의 현상이 우리 마음에서도 일어납니다.

어린 시절, 가까운 어른(특히 부모)에게서 들은 말은 스티커처럼 마음에 딱 붙어서 따라다닙니다.

그게 좋은 말이면 괜찮지만, 나쁜 말 스티커가 붙으면 아주

골치가 아프지요. 어릴 때 붙은 '나쁜 말 스티커'는 의식해서 벗겨내지 않는 한, 성인이 되어도 계속 남아 있게 되니까요.

'넌 무엇을 해도 오래가지 못하는구나'라는 말을 몇 번이나 들으면, '쉽게 질리는 성격' '뭘 해도 꾸준히 못 한다' '포기 성향이 있다'라는 나쁜 말의 스티커가 마음에 붙게 됩니다.

실제로는 관심이 없어서 오래 하지 않은 것뿐일 수도 있는데, 이 스티커 때문에 '역시 난 뭘 해도 진득하게 하지를 않는구나'라고 착각하게 됩니다. 그리고 점차, 정말로 그 무엇을 해도 오래가지 않게 되고 맙니다.

상대방의 다정한 말을 순수하게 받아들이지 못하는 건 과거에 누군가가 당신에게 붙인 나쁜 말 스티커 때문일지도 모릅니다.

특히 어릴 때 일상적으로 들었던 말은 스티커로 계속 남아 있기 쉬워요. '넌 나를 닮아 이런 사람이니까' '넌 아빠를 닮아 그런 사람이니까'라는 부모의 말이 그대로 '나는 이런 사람'이라는 스티커가 되어 남아 있을 수도 있습니다.

과거에 들은 말이 스티커가 되어 당신을 괴롭히는 게 아닐까 되돌아보세요.

부모님에게 들은 '좋은 말 스티커'는 그대로 붙여두고, 당신에게 필요 없는 '나쁜 말 스티커'만 적극적으로 떼어내세요.

떼어내고 난 자리에 당신이 스스로 좋은 말 스티커를 붙이면 된답니다.

한꺼번에 모든 걸 쏟아내 노력하지 않아도 돼요.

조금씩이라서 알아차리기 어려울 뿐이지

제대로 앞으로 나아가고 있으니까요.

고민하고 당황하고 풀이 죽는 건

당신이 걸음을 멈추지 않아서랍니다.

좋아하거나
싫어하거나

———————

기쁠 때도, 괴로울 때도 늘 함께 있는 건 나 자신이다. 억지로 웃은 것, 이제 힘내기 싫은데도 버틴 것까지 내 진짜 심정을 아는 것도 나 자신이다.

당신을 진실로 이해할 수 있는 것도 당신뿐이다.

지금은 아직 좋아하지 않아도, 싫어하지 않아도 된다. 그런 나도 괜찮다고 스스로를 인정하자.

———————

'있는 그대로의 나 자신을 인정하자.'

'나 자신을 좋아하자.'

'나를 소중히 하자.'

행복해지는 방법을 조사해 보면, 이런 주장들이 나옵니다.

물론 이렇게 받아들일 수 있다면, 마음에 기운을 얻을 수 있습니다. 인간관계의 고민이나 생각이 줄어서 하루하루가 현재보다 훨씬 편해지겠지요.

당신도 지금의 자신을 인정할 수 있으면 좋겠다고 생각하나요?

여기서부터는 이 질문에 '네'라고 대답한 당신이 읽으면 좋을 내용이 나옵니다.

한 가지 더 질문하겠습니다.

당신은 지금의 자신이 싫은가요?

자신의 싫은 점, 고치고 싶은 점, 보기 싫은 부분이 많나요?

이 질문의 대답이 '아니요'라면 책이나 SNS에 흔히 나오는 '행복해지기 위한 비법'을 하나씩 시험해 보세요.

지금의 자신을 인정할 수 있을지 아닐지는, 나를 인정할 수 있으면 좋겠다고 강하게 바랐을 때 실제로 행동할 수 있는가에 달려 있으니까요.

만약 이 질문의 대답이 '네'인 사람은 우선 자신을 탓하는 일을 그만두는 것부터 시작하세요.

당장 나를 좋아하지 않아도 되고, 싫은 부분이 많아도 괜찮답니다.

상상해 보세요.

당신을 싫어하는 'A 씨'가 있다고 칩시다.

A 씨는 당신을 만날 때마다 "넌 이래서 안 돼" "너의 그런 면은 고치는 게 좋을걸?"하고 지적만 합니다. 기분이 안 좋을 때는 노골적으로 "난 네가 너무 싫어!"라고 하기도 해요.

그런 A 씨로부터 "난 네 성격이 싫지만, 넌 나를 좋아하면 좋겠어"라는 말을 들었습니다.

그럼 당신은 A 씨를 좋아할 수 있나요?

'좋아해야 해'라고 압박감을 느끼는 사람도 있을 것이고, '어떻게 좋아할 수 있겠어?'라고 어처구니없어하거나 '내가 왜 좋아해야 하는데?'라며 화를 내는 사람도 있을 겁니다.

'나는 나를 싫어하지만, 그 상태 그대로의 나를 인정할 수 있으면 좋겠다'라는 건 이와 마찬가지의 상태입니다. 당신을 싫어한다는 A 씨를 좋아하라고 말하는 것과 마찬가지인 거예요.

'난 이런 게 나빠' '이런 성격을 고치고 싶어'라고 자책하는 건 A 씨에게 지적받는 것처럼 당신의 마음에 상처만 줍니다.

좋아해야 한다고 노력하는 사람일수록 그러지 못하는 나 자신을 탓하기 쉬워요. 그럴 때는 '아직 나를 좋아하지 않아도 되고, 싫어하지 않아도 돼. 하지만 탓하지는 말자'라고 생각해보세요.

자신을 책망하는 일만 없어도 지금보다 나를 덜 싫어하게 됩니다. 싫어하지 않게 되면 좋아할 가능성도 생기니까요.

내가 싫지만 나를 좋아하고 싶다는 사람은 일단 자책을 그만두는 정도만 해도 괜찮다고 허들을 낮춰보세요.

그때도 지금도

당신과 함께 참고 노력한 건

당신이니까

싫어하는 부분이 있어도 돼요.

사람이니까요.

완벽해질 수는 없어요.

하지만 앞으로도 함께 나아갈 거니까

좀 더 인정해줘도 좋을 거예요.

나쁜 기억
버리기

———————————

벗어나고 싶은데도 과거의 기억을 버리는 게 두려운 이유는 나 자신
이 텅 비게 될 것 같아서일지도 모른다.

하지만 괜찮다. 지금의 당신에게 필요한 것은 그저 버리는 것뿐. 인
생은 텅 빌 수가 없다.

원한을 버려도, 그걸 버티며 살았다는 경험은 남는다. 앞으로의 나
자신을 위해 살아가는 데 반드시 필요한 것이다.

———————————

'안 좋은 기억을 버리는 일'이 그때까지 노력했던 게 모두 사라지는 듯해서 무섭다거나 이제까지의 노력이 물거품으로 변하는 것 같아 불안을 느낄 수도 있습니다.

하지만 그렇지 않아요.

이제까지 한 노력은 사라질 수도 없고, 당신의 노력이 물거품처럼 덧없이 흩어질 일은 없으니까요. 이제까지 경험한 것들 모두가 당신의 기술로 몸에 배어 있습니다.

지금까지의 당신의 경험이 어디서 어떻게 활용될지는 아무도 모릅니다.

다만 한 가지 확실한 건 뜻밖의 상황에서, 의외의 형태로 당신을 도와주는 일도 있다는 점이지요.

한 가지 예를 들어보겠습니다.

간호사로 일하고 있었지만, 직장 내 상사의 괴롭힘으로 어쩔 수 없이 휴직을 한 사람이 있습니다. 그 후, 예전부터 꿈꿔 왔던 직업인 디자이너로 이직했지만, 회사 직원들 중 경력이 없는 신입은 자신뿐입니다.

그러나 주변 사람들과의 실력 차이에 고민하면서도 간호사로 일했던 당시 경험을 살려 의사소통하고, '상대방의 입장에서 보는 디자인'이 무엇인지를 의식하며 성공을 이뤄냈습니다.

'이 직장에서 끝까지 해내지 못했으니 다른 어디를 가도 못할 거야!'라는 말을 들을 수도 있겠지만, 그렇지 않아요.

3년 동안 여덟 번의 이직을 반복하다가 여덟 번째 직장에서 드디어 자신의 소질을 살려 일하는 사람도 있으니까요.

시간에도 체력에도 돈에도 모두 한계가 있습니다. 그렇기에 뭔가를 반드시 손에서 놓아야 할 타이밍이 있지요.

과거에 겪은 원한, 분노, 슬픔을 떠올리거나 '이래도 괜찮은 걸까?' '좀 더 좋은 방법이 있었던 게 아닐까?' 하고 고민하는 데도 시간과 체력이 소요됩니다.

나쁜 기억을 떠올리는 동안에 즐거운 일을 생각할 시간을 빼앗기게 돼요.

나쁜 기억을 버리는 건 나 자신을 위한 일입니다.

용서하는 것도, 원한을 완전히 버리는 것도, 분노를 그만두는 것도 나에게 상처를 준 상대방을 위해서가 아니지요.

전부 '나만을 위해서'면 충분합니다.

그러니 그런 사람을 위해 시간이나 체력을 쓰는 건 아깝다는 마음이 진심으로 생겨났을 때, 나를 위해 과거를 손에서 놓으면 됩니다.

누군가가 시켜서, 누군가를 위해서 나쁜 과거를 버리면 후회합니다. 사람에게는 제각각 '자신에게 맞는 타이밍'이 있으니까요.

뭔가를 마주하기 위한 체력, 환경, 마음의 준비가 필요합니다.

그러므로 당신이 나쁜 기억을 버리는 편이 편해질 수 있겠

다고 진정으로 느꼈을 때 과거와 마주하세요. 그게 당신에게

맞는 최적의 타이밍이니까요.

이제 나만을 위해서 살아도 좋아요

상대방의 질문이 싫은
세 가지 이유

질문받는 걸 싫어하는 사람들이 있다. 주변 사람의 이야기를 듣는

건 괜찮지만, 자신의 이야기를 묻는 건 꺼리곤 한다. 질문을 받으면

마치 잘못을 따지는 것처럼 느낄 때도 있다. 자신을 드러내는 게 무

서운 것이다.

이는 어린 시절, 자신의 욕구를 억누름으로써 가족에게 부담을 주지

않으려 했던 사람이 자주 보이는 경향이다.

인간관계 거리 두기에 고민이 많다.

"왜 그런 행동을 했어?"

"당신은 어떻게 생각해요?"

"너에 대해 좀 알려줄래?"

이런 질문을 들어도 괜찮나요? 질문에 대해 자신이 느낀 그대로 대답할 수 있나요?

아니면 뭐라도 답할지 깊이 생각하거나 순간적으로 반론하거나 혹은 "으음" 하고 입을 다물어버리곤 하나요?

질문받는 게 거북하다거나 질문이 싫다고 말하며 상담에 오는 사람들이 많은데, 그 이유는 사실 매우 다양합니다. 백명이 있다면 백 가지의 이유가 있을 정도지요.

여기서는 질문받는 게 거북하다는 사람이 안기 쉬운, 세 가지 이유에 대해 이야기해 보겠습니다.

첫 번째, 나에 대해 알리고 싶지 않아서

부모가 자신에게 관심을 보이지 않는다고 느끼며 자란 사람에게 많이 보이는 경향입니다.

'자신은 재미도 없고 겉으로 드러낼 정도의 알맹이가 없다' '나에 대해 안다고 해도 실망만 할 것이다' 등 자신에게 가치가 없다고 여기면, 상대방에게 자신을 드러내는 게 두려워 질문에 대답하고 싶지 않다는 마음을 품게 됩니다.

나의 가치보다 상대방의 가치가 높다고 볼 때, 질문을 받는 건 싫어도 상대방에게 질문하는 건 괜찮은 경우도 많습니다.

두 번째, 질문이 취조처럼 느껴져서

어린 시절에 어른으로부터 이런저런 관리를 받아온 사람들에게서 많이 보이는 경향입니다.

자신이 할 수 있는 일에 부모가 먼저 손을 대거나 부모가 무엇이든 먼저 다 정해버리는 등 여러 과한 간섭이 이루어지는 가정에서 자란 경우에 질문을 싫어하게 될 수 있습니다.

보나 마나 부모님은 내 말을 들어주지도 않을 거라 자신의 의견을 말해도 소용없다는 마음이 들다 보니 질문에 답하는 것 자체가 스트레스가 되는 거예요.

세 번째, 질문에 자신이 부정당하는 것처럼 느껴져서

자신의 의견을 제시할 때마다 부모에게 부정당했던 사람들에게 자주 보이는 경향입니다.

'그건 이상해' '약해 빠져서' '그래서 어떻게 살겠니?' '너한테는 무리겠구나' 등 확실한 말로 부정당하거나, '엄마는 이게 더 좋은데' '너한테는 이게 더 어울려' 등 부모의 의견을 강요하는 것이 '아이(나)의 생각이 부정당하는 일'로 이어질 수도 있어요.

말이 아니라 부모의 태도에서도 어쩐지 부정당하는 느낌을 감지할 수도 있습니다.

특정한 질문에 거북함을 느끼는 경우, 과거에 부모에게 들었던 말이 방아쇠가 되었을 가능성이 큽니다.

예를 들어, 부모가 아이에게 하는 '너 왜 그랬니?'가 그렇습니다. 겉보기에는 질문의 형태를 취하고 있지만, 부모와 자식 관계에 있어 이 말은 **의견을 묻기 위해서가 아니라 꾸짖을 때 쓰는 경우가 더 많기 때문입니다.**

한 가지 예로, 컵에 든 물을 쏟았을 때 "너 왜 그랬니?"라고 부모가 화를 내면, 그건 아이에게 있어 질문이 아니라 '그런 짓은 하지 마!'라는 의미로 바뀌게 됩니다. 괜히 변명하면 더욱 혼만 나지요.

이런 과거의 영향이 남은 채로 성인이 되면 직장에서도 "왜 그랬어?"라는 상대방의 질문이 '넌 이상하다' '보통은 그런 짓 안 한다'라는 부정적인 말로 느끼게 될 때도 있습니다.

상대방은 정말로 이유가 궁금해서 묻는 것이지만, 과거의 영향으로 '내가 또 혼이 나는구나' 하고 경계를 하게 되지요. 그 결과, 자신의 의견을 제시하지 못해 입을 다물고 말거나 순간적으로 강하게 반박해서 더 큰 문제로 발전할 수도 있습니다.

질문이 싫어도 전혀 문제없습니다.

싫은데 굳이 '고쳐야지' '잘할 수 있도록 노력해야지'라는 생각도 할 필요 없습니다.

당신이 괜찮다면 그걸로 충분해요.

사실 상대방이 하는 질문은 '정말로 그냥 질문'일 때가 많습니다.

질문을 받은 것을 계기로 문제가 터지는 일이 많다면 '왜 질문이 싫은가'에 대해 생각해보는 것도 좋을 거예요.

싫은 이유를 알면 질문으로 인해 발생하는 문제를 지금보다 줄일 수 있을지도 모릅니다.

문제가 줄면 일상에서 겪는 스트레스도 훨씬 줄어든답니다.

6장

누구에게나 필요한
자기 긍정의 심리학

마음을 달래는
말 한마디

힘들 때 "아, 열심히 했다!"라고 말해본다. 그렇게 말하면 피로가 만족감으로 바뀌기 때문이다.

혹은 '나 따위가 뭘⋯⋯' 하는 생각이 들었을 때, 말 끝부분에 '그렇기에'라는 말을 덧붙인다. '상처받기 쉽다. 그렇기에 단어를 잘 골라 말한다'처럼 말이다.

현실에 일어난 일은 똑같아도 '말 한마디'로 마음의 상태는 완전히 변한다.

흔히 몸과 마음의 피로를 해소하기 위해서는 스트레스 그 자체를 없애는 게 제일 좋다고 합니다.

하지만 현실적으로 그런 건 매우 어렵지요.

그럴 때 추천하고 싶은 것들이 있습니다. 아래에서 말하는 '시점을 바꾸는' 두 가지 방법입니다.

첫 번째 방법은 평소에 자주 쓰는 말을 다른 단어로 바꾸는 것입니다.

현실에서 일어나는 일을 마음대로 바꾸지는 못합니다. 하지만 말하는 방식을 바꾸는 것만으로도 사건의 인상이 확 바뀝니다.

자신이 한 말은 자신의 귀로 들어오므로 늘 쓰는 단어를 바꾸는 것만으로도 화가 가라앉거나 덜 울적해지거나 혹은 지친 마음을 회복시킬 수 있답니다.

예를 들어볼까요?

아, 힘들다……	⇨	아, 열심히 했다!
이제 10분밖에 안 남았네……	⇨	10분이나 남았네.
이만큼밖에 못 했어……	⇨	그래도 이만큼 했어.
왜 나는 이 모양이지……	⇨	나답게 살자!
그 사람 정말 짜증 나!	⇨	나도 모르겠다!

이렇게 바꿔보는 거예요.

갑작스러운 질문이지만, 나의 좋은 점과 나쁜 점 중 어느 쪽을 더 많이 꼽을 수 있나요?

두 번째 방법은 나의 나쁜 점이 더 많이 떠오르는 사람에게 추천하고 싶습니다.

자신을 탓하거나 울적할 때, '그렇기에'라는 말을 붙이는 방법이지요. 몇 가지 예를 들어볼게요.

내가 먼저 말하는 게 싫다.

⇨ 그렇기에 남의 이야기를 잘 듣는다.
⇨ 그렇기에 쓸데없는 말을 해서 생기는 위험도 적다.

➡ 그렇기에 너무 무리하지 않을 수 있다.
➡ 그렇기에 금방 지치는 사람의 심정을 잘 이해한다.

➡ 그렇기에 문제가 일어나지 않았다.
➡ 그렇기에 남에게 상처를 주지 않는다. 그 사람과는 다르다.

'그렇기에'라는 단어 하나만 덧붙임으로써 나쁘고 싫다고 여긴 것에서 좋은 점을 찾거나, 풀 죽을 수 있는 일에서 칭찬 요소를 찾아내는 것도 참 재미있지요?

익숙해질 때까지는 이런 사고방식을 갖는 게 힘들 수도 있 겠지만, 퀴즈에 답하는 느낌으로 도전해 보세요.

참고로 '그렇기에'를 사용하는 문장에 정답은 없습니다.

당신이 생각해 낸 것이 모두 정답입니다. 자신을 탓하지 않 는 문장이라면 모두 정답이랍니다.

뇌라는 건 원래 부정적인 거예요.

위험으로부터 몸을 지키기 위해

즐거운 일보다 안 좋은 일이

더 쉽게 기억에 남지요.

그러니 부정적인 태도를

고쳐야 한다고 생각하지 않아도

괜찮습니다.

너무 부정적이어서 살기 힘들다면

긍정적인 것을 아주 조금 더해보세요.

나에게 다정한
말을 건네는
최고의 방법

만약 당신의 모든 것을 다 받아주는 사람이 있다면, 좋은 면도 나쁜 면도 다 이해해 주는 사람이 있다면, 그가 어떤 말을 해주길 바라는지 생각해 보자.

그리고 그 말을 나 자신에게 해라. 그렇게 나에게 엄격하게 굴지 않아도 괜찮다. 나에게 잘해주는 것 때문에 남에게 피해를 주는 일은 없으니까.

"나 자신에게도 다정한 말을 걸어보세요."

이런 말을 듣고 "네!"라며 이를 받아들이는 사람은 아주 적을 것입니다.

스스로 나에게 다정한 말을 걸다니 어쩐지 허무하다거나 바보 같다고 여기는 사람도 있을 거고, 뭐라고 말해야 좋을지 모르겠다는 사람도 있겠지요.

사실 이 방법은 '어쩐지 허무해' '바보 같아'라고 느끼는 사람에게 특히나 큰 효과를 발휘합니다.

그렇게 여기는 것 자체가 평소에 나 자신에게 엄격한 말만 걸고 살았을 가능성이 크기 때문이지요.

"넌 이게 문제야" "이렇게 해야지" 하고 주의만 주는 A 씨.

"넌 늘 열심히 하는구나" "여긴 참 잘했네!"라며 인정하고 칭찬하는 B 씨.

누가 더 좋습니까? 누구의 말을 듣고 싶나요?

'당연히 B 씨겠지'라고 생각한다면 이 방법을 시험해 보세요. 자신에게 다정한 말을 거는 일은 나 자신이 B 씨처럼 되는 것과 같습니다.

자신을 대하는 법을 A 씨에서 B 씨로 바꾸기만 해도 지금보다 나 자신을 좋아하게 되어, 스스로를 책망하는 횟수도 극적으로 감소하게 됩니다.

그렇지만 갑자기 나한테 다정한 말을 걸어보라고 해도 어떻게 하면 좋을지 난처하지요.

우선 머릿속에 좋아하는 사람을 떠올려 보세요.

가까운 사람도 좋고, 제일 좋아하는 아이돌, 연예인, 만화 캐릭터도 좋습니다.

'이 사람이 하는 말이라면 뭐든 들을 거야'라는 마음이 드는 인물을 떠올리는 게 포인트예요.

그 사람으로부터 무슨 말을 들으면 기운이 나나요?

그 사람에게 어떤 식으로 칭찬을 들으면 기쁜가요?

울적할 때 그가 나에게 뭐라고 말하면 기쁜가요?

용기가 나지 않을 때 무슨 말을 들으면 한 걸음 앞으로 나아갈 수 있을 것 같나요?

머릿속으로 이 질문의 대답을 상상해 보세요.

상상을 잘하는 사람은 **'그 인물이 실제로 말하는 장면'**을 떠올리는 것도 좋아요.

좀처럼 머릿속에 그리지 못하는 사람은 '내가 그 사람에게 말을 건다면……'이라고 생각해 보세요.

그 사람이 울적한 기분에 빠져 있다면 어떤 식으로 말을 걸건가요?

그 사람의 등을 떠밀기 위해 뭐라고 말해줄 건가요?

그 사람에게 '이런 식으로 말을 해주고 싶다'라고 생각한 그대로를 나에게 말해주세요.

소중한 사람에게 해주고 싶은 말을 나에게 해주는 방법입니다. 이걸 반복함으로써 점점 스스로를 소중히 여길 수 있답니다.

나 자신에게 다정한 말을 건네는 일의 최대 핵심은 확실한 이미지를 그려내는 것입니다.

내가 나에게 해주는 다정한 말을 기억하고 있는 것도 중요해요. 기억하지 못하면 필요할 때 바로바로 떠오르지 않을 테니까요.

종이에 적거나 스마트폰 메모장에 입력해서, 무슨 일이 있으면 그 말을 바로 펼쳐보도록 습관화하세요. 무엇을 해냈거나 혹은 반대로 실패해서 우울하거나, 용기가 나지 않는 등 스스로를 탓하게 될 것만 같은 상황이 생기면 '나에게 하는 다정한 말'을 훑어보도록 하세요.

처음에는 익숙하지 않을지도 모르지만, 매일 해보면 1~2주일 만에 적응하게 될 거예요. 3주일째는 메모를 보지 않고도 자신에게 말을 걸 수 있게 됩니다.

모두에게 했던 다정한 말을
이제 당신에게도

아침에 일어나는 게 괴로운 사람에게

당신은 절대 '그렇게 어리광 부리지 마'라고

말하지 않을 거예요.

노력했지만 성공하지 못했던 사람에게

'이게 다 노력이 부족한 탓이야'라고

몰아댈 수 있을까요?

나 자신한테만 엄한 잣대를 대지는 않는지

한번 돌아보세요.

지친 나를
돌보는 연습

남은 잘 돌보지만 자신을 돌보는 것에 서툰 사람은 의외로 많다. 그렇지만 사실 '못하는' 게 아니라 어린 시절에 스스로를 돌보는 법을 배우지 못해 '익숙하지 않은 것'뿐이다.

그러니 만일의 상황에서도 당황하지 않도록 '나를 돌보는 방법'을 준비해 두자. 부정적인 흐름에서 벗어나는 방법이 있으면, 빨리 회복할 수 있으니까.

집에 감기약, 진통제, 반창고를 늘 챙겨두고 있나요?

아마도 만일의 상황을 위해 비상약을 상비해 두는 사람이 많을 것입니다.

그와 마찬가지로 '나를 돌보는 방법'도 미리 준비해 두는 게 좋습니다.

몸과 마음의 상태가 나빠지면 어떻게 회복할 것인지 생각할 여유가 없을 테니, 건강할 때 준비해야 한답니다.

건강할 때 준비해야 하는 데는 이유가 있습니다.

예를 들어, 누군가에게 꾸지람을 듣고 우울할 때 "당신의 꿈은 뭔가요?"라는 질문을 받아봤자 대답할 마음은 들지도 않겠지요. "꿈은 무슨!" "시끄러워!" 하고 도리어 화를 내는 사람이 있을지도 몰라요.

하지만 복권이 당첨되어 잔뜩 신났을 때 "당신의 꿈은 뭔가요?"라고 물으면 어떨까요? 아까보다 흔쾌히 대답하겠죠?

몸의 컨디션이 좋을 때와 나쁠 때는 머리에서 나오는 아이디어와 생각나는 답변부터 차이가 납니다.

기운이 넘칠 때 자신에게 힘을 주는 긍정적인 답이 잘 나올 수 있으니, 건강할 때 자신을 돌보는 방법을 생각하자고 제안하고 싶습니다.

또한 지금부터 설명할 돌보는 방법은 기운이 없을 때나 우울할 때, 자책할 때 사용하기 위한 것입니다.

쓰러질 정도로 지쳤거나 너무 우울해서 아무것도 할 수 없을 상태일 때는 효과가 반감되니, 가능한 이른 단계에서 사용해 보세요. 감기와 마찬가지로 초기에 잡는 게 중요합니다. 악화하고 나서는 회복할 때까지 시간이 걸리게 되니까요.

그럼 나를 돌보는 방법을 찾아내기 위한 세 가지 질문을 해보겠습니다.

첫 번째, 기운이 나는 음식이나 음료가 있나요? 없으면 평소에 좋아하는 음식과 음료를 대답해주세요.

노력가일수록 힘들 때 열심히 피로를 풀어보려는 경향이 있습니다. 그러나 심신이 지쳤을 때 이런저런 방법을 시도하는 건 더욱 피곤하기만 하니 역효과입니다.

그래서 여기서 우선 시도해 보면 좋은 건, 애쓰지 말고 뇌부터 기운을 얻는 방법입니다.

바로, 맛있는 것을 먹고 마시는 거예요.

맛있는 걸 먹으면 뇌에서 도파민이라는 쾌락 물질이 나옵니다. 무언가를 먹고 싶다는 자신의 바람을 이뤘다는 만족감과 맛있는 것을 먹었다는 만족감까지, 한 번에 두 가지의 만족감을 얻을 수 있어요.

다만 다이어트 중인 사람은 음식 섭취에 대한 죄책감이 더클 수도 있으니, 그런 경우에는 두 번째 혹은 세 번째 질문에 나오는 방법을 시도해 보세요.

죄책감은 당신이 상상하는 것 이상으로 훨씬 마음을 우울하게 하는 귀찮은 감정이기 때문에 가능하면 죄책감이 생기기 어려운 방법을 선택하세요.

두 번째, 몸과 마음 어느 한쪽이 지친 것 같은 느낌이 드나요?

생각이나 걱정거리로 마음이 지쳐 있을 때는 몸을 쉬는 것
만으로는 회복할 수 없을 때가 있습니다. 이리저리 생각만 하
다가 지쳤다면, 생각을 멈추는 게 제일 먼저 할 일입니다.

게임이나 만화 등에 몰두하는 것이나 채소 채 썰기, 싱크대
닦기 등 아무 생각도 하지 않고 그저 집중할 수 있는 단순 작
업을 추천해요. 굳이 생각하지 않고 지나보낼 수 있는 시간을
만드는 방법을 미리 생각해 두세요.

몸이 힘들면 무조건 쉬세요.

앉아 있기만 해도 몸은 에너지를 소비합니다. 아무 생각도
하지 말고 자는 게 최고지만, 스트레스로 잠들지 못할 때는
누워서 시간을 보내보세요.

자취 생활로 바쁜 사람도 '오늘 식사는 그냥 사 먹자'라고
결정을 내리거나 청소를 쉬어도 좋습니다. 아이를 돌봐야 한
다면, 게임이나 유튜브 같은 것의 도움을 받는 것도 좋은 방
법이랍니다.

할 일을 하지 않는다는 죄책감이 커질 것 같으면 '어차피 다시 기운을 차리면 할 수 있으니까' 하고 생각해 보세요.

세 번째, 휴일을 혼자 보낸다고 합시다. 집에서 느긋하게 지내는 것과 밖으로 나가는 것 중 어느 것을 더 좋아하나요?

외출을 즐기는 것으로 기운을 얻는 사람도 있고, 집 안에서 편안히 쉬는 것으로 기력을 되찾는 사람도 있습니다.

특히 주변 사람을 많이 신경 쓰거나 자꾸 분위기를 파악하려고 애쓰는 사람은 외출이 오히려 역효과가 날 때가 많습니다.

이제까지의 일을 머릿속으로 떠올려 보세요.

기운이 없을 때 외출하면 마음이 좀 나아지나요? 아니면 더 피곤하기만 하나요?

기운이 없을 때 집에 혼자 있으면 회복되는 것 같나요? 아니면 반대로 더 울적해지나요?

무엇이 정답인지 아닌지를 고민하지 말고, 이제까지의 경험을 통해 '자신에게 무엇이 적절한지'를 찾아보세요.

작심삼일이어도
괜찮다

작심삼일이어도 좋다. 사흘 만에 그만둔 건 그 방법이 당신에게 안 맞는다는 걸 알아차렸기 때문일지도 모른다. '그만두는 게 3년 후가 아니어서 다행이다'라고 생각해 본다.

'또 망했어'라고 탓할 바에야 '사흘이나 해냈네!' 하고 생각하는 게 마음을 편하게 해준다.

- 뭘 해도 오래가지 못한다.
- 금방 질리고 만다.

이렇게 느낄 때는 없나요?

'있다'라고 대답한 사람에게 한 가지 더 질문하겠습니다.
'이렇게 느끼는 나는 문제다' '고쳐야 한다'라고 생각한 적은 없나요?

왜 이런 질문을 하느냐면 '오래가지 못하는 것'도 '금방 질리는 것'도 문제가 될 만한 행동이 아니기 때문입니다.

오래가지 못하는 것도, 질리는 것도 이유가 있습니다. 오래가지 못하는 단점에만 주목하기 쉽지만, 사실 '어떤 걸 꾸준히 하지 않아 생기는 장점'도 많이 있습니다.

흔히 어떤 일을 꾸준히 해서 생기는 장점으로 거론되는 것으로 다음과 같은 내용이 있습니다.

- 실력을 향상할 수 있다.

- 성장으로 이어진다.

- 포기하지 않는 마음을 기를 수 있다.

그러나 잘 생각해 보세요.

'그 일'을 꼭 계속해야 실력 향상이 되나요? '그 일'을 그만 두고 다른 일에 도전해서 실력을 키울 가능성은 없나요?

그만두지 않아서 성장으로 이어질 수도 있지만, '나한테 안 맞는다'라고 여긴 것은 얼른 떠나보내고 나한테 맞는 것을 찾 는 편이 성장으로 이어질 때도 있답니다.

물론 포기하지 않는 마음은 훌륭합니다.

하지만 포기하지 않는 마음을 필사적으로 지킨 결과, 오히 려 새로운 가능성과 미래를 없애버리는 가능성은 없을까요?

그보다 '포기하고 싶지 않다'라고 느낄 정도의 그 일이 혹 시 당신에게 그다지 중요하지 않을 가능성은 없나요?

'한 가지를 꾸준히 하지 못하는 건 나쁘다'라고 여기는 이유는 사실 부모의 가치관이 원인일 수 있습니다.

부모가 무언가를 좋지 않게 보면, 자녀도 그걸 좋지 않게 보게 되는 법입니다. 부모의 가치관은 무의식적으로 아이에게 영향을 끼치기 때문이지요.

'뭐든지 꾸준히 해야 한다'라고 느끼는 사람은 '꾸준히 해서 생기는 장점'과 '꾸준히 하지 않아서 생기는 장점'에 대해 생각해 보세요.

흔히 뭔가를 꾸준히 해서 생기는 장점으로 '부모의 바람과 일치시킬 수 있다'라는 것은, 그리고 꾸준히 하지 않아 생기는 장점으로 '자신의 본심을 따를 수 있다'를 꼽을 때가 많습니다.

'뭐든 꾸준히 오래 해야 한다'는 게 나의 본심이라면 포기하지 않고 그 일을 계속하는 게 좋겠지요.

그러나 '뭐든 꾸준히 오래 해야 한다'가 부모의 본심이라면 '굳이 꾸준히 오래 해야 할 필요는 없다'라고 생각해 보세요.

이제까지 당연하게 '뭐든 꾸준히 해나가야 한다'라는 마음으로 살았던 사람은 '굳이 오래 이어나갈 필요는 없다. 원하면 그만둬도 좋다'라는 선택지를 늘리는 것부터 시작하세요.

그러기 위해서도 우선 '그만두는 것의 장점(오래 해나가지 않는 것의 장점)'에 대해서 곰곰이 고려해 보세요.

이제까지 해본 적 없는 일에 도전할 수 있었다면

그것만으로 충분합니다.

사흘밖에 못 했다는 게 아니라

'새로운 일을 사흘이나 해냈다!'

그렇게 생각해도 돼요.

그리고 당신에게 있어 정말로 필요한 일이라면

분명 또 시작할 기회가 찾아올 거랍니다.

한 달 후, 혹은 1년 후에

'역시 다시 해볼까?' 하는

마음이 들지도 몰라요.

불안을 잠재우는
생각법

내일, 한 달 후, 1년 후……. 미래를 생각할수록 사람은 불안해진다. 그건 미래를 '알 수 없기' 때문이다. 뇌는 모르는 것에 불안감을 느끼기 쉽다. 그래서 불안감이 공포심을 부르고, 부정적인 미래만을 연상시킨다.

괜찮다. 당신이 너무 깊이 생각하는 게 아니다. 우선 '지금'을 어떻게 살지부터 생각해 봐라.

내일, 1년 후, 10년 후……. 미래의 자신이 어떻게 될지 상상해 보세요.

지금 하는 일은 계속할 수 있을까, 돈이 부족하지는 않을까, 행복할까……. 여러 불안이 생기지 않나요?

미래를 생각하면 할수록 불안감이 생길 수밖에 없는 게 인간의 습성입니다.

그건 미래를 알 수 없기 때문이지요.

뇌는 '모르는 일'이 있으면, 그 부분을 해결하려고 합니다. 이리저리 고찰하고 생각하며 기억을 더듬어 열심히 대답을 찾으려 애를 쓰지요.

지금부터 열거할 세 개의 문제를 잘 살펴보세요. 정답은 맞히지 않아도 된답니다.

- 9×9 = (　　)

• 슈크 ( )

• 유니버 ( ) 스튜디오 재팬

어떤가요.

'정답을 맞히지 않아도 된다'라고 했지만, 자신도 모르게 머릿속으로 괄호에 들어갈 답을 채우고 있지 않았나요?

사실 인간의 뇌에는 공백을 무의식적으로 메우려 하는 성질이 있습니다.

위에서처럼 공백 속의 답이 간단하면 큰 문제가 없지만, 미래가 어떤가 하는 '공백'은 그 누구도 알 수가 없지요.

공백에 들어갈 답이 나오지를 않으니, 뇌는 계속 고민하게 되는 겁니다.

뇌 속에서 무슨 일이 일어나고 있는지, 한 가지 예를 가지고 알아봅시다.

만약 당신이 잠들기 전에 '나는 왜 다른 사람들처럼 못할까'

라고 과거의 실패를 떠올리며 우울해한다고 가정해 볼게요.

이 경우의 공백은 '나는 왜 다른 사람들처럼 못할까'입니다.

뇌는 공백을 해결하기 위해 '내가 다른 사람처럼 못하는 이유'를 찾기 시작하지요.

'다른 사람보다 능력이 부족해서다.'

'효율적으로 작업을 처리하지 못하기 때문이다.'

'그러고 보니 부모님도 늘 "다른 애들은 잘만 하는데"라고 했었는데……'

이처럼 잘하지 못하는 이유를 기억 속 이곳저곳에서 주워 모읍니다.

뇌의 '공백을 메우는 버릇'이 작용하여 어떻게든 다른 사람들처럼 잘하지 못하는 나의 모습을 완성하려고 하는 거지요.

이게 정답이 아니므로 뇌는 생각을 멈추지 않습니다. 끊임없이 잘하지 못하는 이유를 긁어모으고, 결과적으로 점점 우울한 기분에 빠져들게 되지요.

사실 뇌는 '어떤 공백인가'라는 것은 전혀 개의치 않습니다.

'모르는 건 싫다. 그러니까 빈자리를 메워야 한다'는 것에만 집중해서 계속 생각합니다.

그래서 아까의 예처럼 부정적인 공백도 열심히 채워 넣으려 해요.

하지만 걱정하지 마세요.

공백을 메우는 버릇이 작용하는 건 부정적인 질문일 때만이 아니니까요.

긍정적인 질문에도 공백을 메우는 버릇이 작용합니다.

부정적인 질문이 부정적인 감정을 크게 증폭시키는 것처럼, 긍정적인 질문은 긍정적인 감정을 크게 키웁니다.

그래서 문제점이 아니라 해결 방법에 착안한다면 불안은 잘 부풀어 오르지 않게 됩니다.

예를 들어서 심기가 불편한 그 사람이 싫은 경우에 '왜 그 사람은 늘 언짢아할까?'라고 생각하면, 뇌는 그 사람이 언짢은 이유를 찾으려 합니다.

하지만 그 사람의 심정은 본인밖에 알 수 없으니 끝없이 생각만 이어지게 됩니다.

여기서 해결 방법에 착안점을 두면 '어떻게 하면 늘 심기가 불편한 그 사람을 신경 안 쓸 수 있을까'라고 생각할 수 있게 된답니다. 문제가 나의 일이 되므로 해결 방법을 찾아낼 수 있어요. 해결법을 찾을 수 있다면, 그 사람에 대한 생각을 질질 끌지 않아도 돼요.

이리저리 빙글빙글 생각하느라 불안감이 멈추지 않는 건 당신의 성격 때문이 아닙니다.

자신의 성격을 탓하는 게 아니라, 뇌의 특성이라는 점을 떠올리세요. 자책이 줄어들기만 해도 마음이 편해질 거예요.

그래도 여전히 불안감이 밀려온다면 이번에 알려드린 '문제점이 아니라 해결법부터 생각하자' 방법을 시도해 보세요.

뇌는 모르는 것에 불안감을 잘 느껴요.

그리고 불안이 이어지면 그게 공포심으로 바뀌지요.

특히 지쳐 있을 때, 그렇게 되기 쉬워요.

그래서 미래가 불안해지면 '지금'을

어떻게 보낼지 생각해 봐야 해요.

'지금부터 무슨 방송을 볼까?'

'뭘 할까?' '무슨 음악을 들을까?'

'뭘 먹을까?' '뭘 마실까?'

이렇게, 우선은 현재에 집중하세요.

아무것도 하기 싫은
날에는

아무것도 안 하는 날이 있어도 괜찮다. 그렇게 생각할 정도로 지금까지 노력했으니까. 쉬어서 기운을 회복하자. 아무것도 못 해서 우울해지는 날이 있을지도 모른다. 그래도 괜찮다. 그만큼 피로가 쌓였다는 뜻이니까.

언제나 너무 열심히 노력하는 당신이 아무것도 하지 않고 그저 쉬고 싶다면, 그건 '해냈다는 성과'와 같다.

못하는 일을 '할 수 있도록 하는 것'은 어려운 일입니다.

그러나 이미 할 수 있는 일을 '안 하는' 것은 더 힘들지요.

못하는 일을 할 수 있게 되면 성취감도 생기고 성장도 느끼게 됩니다.

주변의 인정도 받을 수 있지요. 그래서 더 노력할 수 있습니다.

하지만 이미 할 수 있는 일을 '안 하도록' 애를 써도 주변 사람들은 칭찬해 주지 않습니다. 어쩌면 "왜 안 하는 건데?"라며 혼내려 들 수도 있지요.

할 수 있는데도 '안 한다'를 선택하면 죄책감과 초조함, 너무 속 편하게만 사는 듯해서 죄스러움을 느낄 때도 있습니다.

그 결과, 피로감으로 완전히 지쳐버렸는데도 평소처럼 움직이게 되는 사람이 참 많아요.

집에 있으면 움직일 기력도 없는데, 회사에 가면 움직이게 되는 사람도 있습니다. 힘들어서 도저히 출근 못 하겠다는 괴로움도 있겠지만, 막상 회사에 가면 절로 움직이게 될 수밖에 없어 생기는 '이해받을 수 없는 괴로움'도 있답니다.

이제까지 쉴 수 없었던 당신이 쉴 수 있었다면, 그건 '해냈다는 성과'라 할 수 있습니다.

'쉬고 말았다……'가 아니라 '이제야 쉴 수 있게 됐구나'입니다.

실감하기 어려울지 모르겠지만, 쉬기만 해서 힘을 내지 못했던 사람이 '노력할 수 있게 됐다'라는 것과 마찬가지로 대단한 일이랍니다.

초등학생 시절을 떠올려 보세요.

매일 꼼꼼하게 숙제를 제출하던 아이가 며칠 내내 숙제를 잊으면 "왜 숙제를 잊은 거니?"하고 혼나게 됩니다.

그러나 숙제를 전혀 안 하던 아이는 겨우 하루만 숙제를 제출한 것만으로도 "와, 대단하구나!"라고 칭찬을 듣지요.

매일 열심히 청소하던 아이가 며칠 동안 청소를 빼먹으면 "항상 잘하더니 왜 안 하니?"라고 혼나게 되겠지요.

그러나 늘 청소를 빼먹는 아이는 겨우 하루만 열심히 청소한 것만으로 "그래, 하면 잘하면서!"라고 칭찬을 받습니다.

요즘 세상은 매일 노력하는 사람일수록 휴식을 취하기 어렵다고 느끼는 시대입니다. 성실하게 사는 게 바보처럼 느껴질 때도 있을 거고, 늘 모든 일을 다 떠맡아 손해만 본다는 생각이 들 때도 있을 거예요.

"그럼 아예 노력을 안 하면 되잖아"라는 조언을 듣고 '그래, 다 때려치우자'라는 마음이 든다면 그건 그것대로 괜찮지만, 이 책을 읽는 대부분의 사람은 무언가를 그만두는 게 두려울 것입니다.

이제까지 최선을 다해 달려온 사람일수록 '그렇게 쉬운 일이 아니다' '그걸 할 수 있다면 누가 고생하겠느냐'라고 느낄 겁니다.

그렇지만 체력에도 한계가 있어요.

이제까지 꾸준히 노력했다면 어느 순간에서는 휴식이 꼭 필요합니다. 어쩌면 그 타이밍이 '지금'일지도 모릅니다.

움직일 수 없거나, 더는 힘낼 수 없거나, 혹은 의욕이 생기지 않아서 초조하다면 '앞으로 다시 힘낼 수 있도록 지금은 충전만 하자'라고 생각하세요.

'못하는' 나 자신을 탓하지 말고, '이제야 쉴 수 있게 됐다. 이게 바로 무언가를 해냈다는 성과구나'라고 인식해 보세요.

자신을 책망하기보다 인정하는 편이 회복도 더 빠르니까요.

오늘도 당신은 열심히 살았어요!

사실은 아무것도 하고 싶지 않은 날이 있어도 좋아요.

아무것도 하지 않는 날이 있어도 괜찮답니다.

하지만 '꼭 해야겠다'라고 생각하게 만드는 뭔가가 있지요.

불안해지고, 초조해질 거예요.

아무것도 하기 싫다는 건 마음이 피곤하다는 신호예요.

아무것도 할 수 없는 건 몸이 피곤하다는 신호지요.

몸과 마음은 이어져 있답니다.

그럴 때는 조금 멈춰 서봐요.

잠을 자도 좋고, 멍하게 있어도 좋고, 게임을 하거나

좋아하는 연예인을 보며 위안을 얻는 것도 좋은 방법이에요!

참 고 문 헌

ヴァン・ジョインズ＆イアン・スチュアート (著), 白井幸子・
繁田千恵 (監訳).《交流分析による人格適応論》, 誠信書房,
2007.

Carter, Don. *Thawing Adult/Child Syndrome and Other
Codependent Patterns,* CreateSpace Independent Publishing
Platform, 2012.

Forward, Susan. *Mothers Who Can't Love: A Healing Guide
for Daughters*(《이 세상 모든 엄마와 딸 사이》), Harper, 2013.

Aron, Elaine N.. *The Highly Sensitive Person in Love:
Understanding and Managing Relationships When the World
Overwhelms You*(《타인보다 민감한 사람의 사랑》), Harmony,
2001.

옮긴이 **김진아**

서울여자대학교에서 경영학과 영어영문학을 전공했다. 출판사에서 편집자로 근무했으며, 현재 일본어 전문 번역가이자 프리랜서 편집자로 활동 중이다. 옮긴 도서로는 《사이토 히토리의 1퍼센트 부자의 법칙》《생물은 왜 죽는가》《한밤의 미스터리 키친》《코로나와 잠수복》《가모가와 식당》《BEATLESS》《1%의 마법》《어쩌다 커피 생활자》《터부》 등이 있다.

착한 아이가 자라
서툰 어른이 되었습니다

초판 1쇄 발행 2023년 4월 28일

지은이   포슈
옮긴이   김진아
펴낸이   김동하

편 집   최선경
마케팅   강현지
펴낸곳   페이퍼버드
출판신고   2015년 1월 14일 제2016-000120호
주 소   (10881) 경기도 파주시 회동길 445, 4층 402호
문 의   (070) 7853-8600
팩 스   (02) 6020-8601
이메일   books-garden1@naver.com
인스타그램   www.instagram.com/text_addicted

ISBN   979-11-6416-149-2 (03180)